おいしさの極意

村上祥子

東京書籍

元気を支える食事の極意

豆皿で楽しむある日の食卓

小さくてかわいらしい豆皿が大好きです。

フライや餃子、冷奴におひたし、甘いものなどを盛っても収まりがよいのです。いつしか食器棚には豆皿がコレクションされていきました。

豆皿にのった料理は愛らしくチャーミング。何しろかわいい！　それだけで心ウキウキ。ただのおひたしでも盛りつけが楽しくなり、削り節をのせたりごまを振ったり、ちょっとおしゃれさせたくなります。コンビニで購入したお惣菜でも、豆皿に盛れば何やら〝おうちバル〟です。

豆皿使いは、ひとり暮らしを機嫌よく過ごすための方便のひとつ。自分のためにちょっときれいで、ちょっとおしゃれな食卓にしてくれます。私はかっこいいことが大好きです。食事のときでも、気取っていたいと思います。子どもが幼いときや夫がいたときとはまた違う、ひとりの食事を楽しむための豆皿です。一日の終わりのお酒を豆皿に盛った肴で少々楽しんで、それからご飯とおみおつけで食事です。

お目にかけた豆皿料理は冷蔵庫やフリーザーにちょこちょこ残っていたものを、食卓に並べたものです。冷奴にゆでた青菜を刻んでのせる。すだちをおく。イタリアンパセリ一葉、アクセントに添える。

愛らしいお皿と食欲をそそる色合いが視覚に飛び込んできます。そして、思うのです。

「おいしそう！」

健康を下支えしてくれる発酵保存食

以前、単行本の扉書きにいただいた、帝国ホテル初代総料理長の村上信夫先生のお言葉です。

「私が村上祥子さんの料理と初めて会ったのは、料理コンクールで優勝したときでした。フランス料理を家庭料理の中にうまく生かしているのが高く評価されました。どこにでもある材料でスピーディに本物を目指す彼女の姿勢は、それからの活動でも一貫しているようです」

そうです！　私は今も、平凡なようで実践が難しいことに挑戦しています。

「発酵食って体によさそう！　でも難しそう……」と引いてしまう人たちに「レンチンで発酵食もあっという間です」と、料理教室で、研修会で、書籍で伝え続けていきたいと思っています。

甘酒作りで微弱な電磁波を当てると米麹の熟成時間が大幅に短縮されます。そして、甘みも断然濃くなることに気づいてから50年近くがたちました。本書でも、甘酒、豆乳ヨーグルト、酢キャベツ、フルーツ酢、などの発酵保存食を紹介しています。

「お元気そうですね！」と街で声をかけてくださる方が「レンチンで私も作っています！」と言ってくださいます。発酵食で免疫力がアップするのは本当の話。調子の優れなかった私が発酵食をコンスタントに摂ることで、疲れない、風邪をひかない。朝起きたら「今日も時間は無限大！」という気分の日々を送っています。

「人生１００年時代を生き抜くために、自分に投資することも必要です」と、先日、食生活改善推進協議会のリーダー研修会で伝えました。レンチンや市販品で間に合う時代だからこそ、麹菌が１００％生きている甘酒を自分で作ることで、健康維持に役立てていただきたいと思います。

おひとりさまの食卓に大革命を起こすみそ汁

ひざ痛もなし。腰痛もなし。透視画像で計測したら、私は筋肉量も多いらしいです。元気で気力が衰えることがありません。その秘訣はいつも3食を食べてきたことかな、と思います。作るのが面倒になってくるシニア世代に伝えたいのは「個食時代のレシピはカンタン、手抜きでよい。必ず食べる」がルールです。

そこで考えたのが、「凍ったまま使える1人分冷凍パック」。①野菜100gを食べやすい大きさに切る。肉か魚、大豆製品のたんぱく質食材50gを用意する。②Sサイズのフリージングバッグに食材を入れる。③冷凍する。たったこれだけ！「野菜100gとたんぱく質食材50g」というルールがあるだけで、食材の組み合わせは自由。余った食材があれば作っておくことをおすすめします。家電の技術革新も飛躍的に進化して、冷凍に向かない食材は基本的にはありません。野菜も生のまま冷凍できます。

この冷凍パックをお鍋に水とともに入れ、液みそを加えてひと煮立ちしたら、具だくさんのみそ汁ができあがります。野菜100gとたんぱく質食材50gのみそ汁、そして卵とご飯（炭水化物）を食べれば、1食に必要な栄養が完成して摂れるのです。だしの入った液みそのような便利な調味料を使わない手はありません。ひとり分がだしをとらなくてもおいしくできあがります。みそは日本を代表する発酵食品。イソフラボンで認知症予防効果も期待できます。また、みそ汁からの塩分は血圧に影響しないといった、科学的データも揃っています。

15 SPOON

冷蔵庫はストック棚も兼ねています

外から見えない冷凍冷蔵庫は、中身の見える化が必要です。

ひとり暮らしになってからは、家族が一緒に暮らしていたときの3分の1ほどの容量の冷蔵庫を使っています。そして、乾麺も米も缶詰も冷蔵庫に収納。かつて乾物はこの戸棚に、乾麺はこの引き出しに、買いおきの砂糖はこの棚に……と分けて収納していましたが、今はひとり分の食品とストック食品は全て冷蔵庫です。

冷蔵庫は食料の記憶庫です。「ちゃんと食べて、ちゃんと生きる」「食べ力®」をしまっておくところ。食品だけでなく缶切りやワインオープナーも冷蔵庫に入れてあるので、迷子になることがありません。

野菜室には、フレッシュフルーツや野菜はもちろん、米も入っています。長期保存の利く缶詰や乾燥しょうが、柚子こしょう、溶き辛子などのスパイス、1週間冷蔵保存可の充填豆腐、納豆、ハム、ソーセージなどが入ります。

冷凍庫には炊いた発芽玄米、パン、餅、ゆでて余ったスパゲッティも、1食分ずつ小分けにしてストックしています。5〜10℃の冷蔵室では、デンプンの劣化スピードが速いというのがその理由。またあっという間に傷み始める生の豚肉、牛肉、鶏肉、ひき肉、無頭えびも冷凍庫へ。使うときはキッチンペーパーを四つ折りにしてのせた耐熱容器や皿にのせ、ラップはかけずに100gにつき電子レンジ弱（100〜200W）または解凍キーで2分加熱して半解凍し、料理に使います。

私が日々食べているものは、冷蔵庫の扉を開けたら全てが収まっています。

酒粕ペスト
meiji

おいしさの極意

２０１６年、公立大学法人福岡女子大学に「村上祥子料理研究資料文庫」が開設されました。１年間かけて、過去50年間に蓄積してきた50万点のレシピを整理し、目録を作成しました。その作業の中で、データだけでは伝えられないおいしさの何かが、私の体の中にあることに気づきました。今回それを『おいしさの極意』として一冊にまとめました。この本で、ぜひお試しください。私が長年かけて追求してきたおいしさを生み出すための極意が、あなたのものになると思います。

「私たちは食べたものでできている」と言われるとおり、体の細胞ひとつひとつは食べたもので作られています。そして、体は24時間休みなく働いている工場のようなものです。

おいしく食べることは、何よりも体が喜ぶはずです。

www.murakami-s.jp

目次

◯計量単位は１カップ＝200mℓ、大さじ1＝15mℓ、小さじ1＝5mℓです。　◯電子レンジ調理は600Wを基準にした加熱時間です。

極意 01

おいしく食べるには切り方ありき。同じ料理も切り方次第で味わいが変わります。

定番は薄切り。厚さを変えると、また食感も変わります。

角切りにして大きさを変えると、味もまた違って楽しめます。

ローストビーフ

材料　作りやすい分量

- 牛もも塊肉――300g
- 塩――小さじ½
- サラダ油――大さじ1
- A
  - 砂糖――小さじ1
  - しょうゆ――大さじ2
  - 酢、レモンの搾り汁－各大さじ1
  - 赤唐辛子の輪切り――小さじ1

1 牛肉は表面の水けを拭き取って塩をすり込み、室温に30分おく。ヘモグロビンが空気に触れると焼き上がりが鮮紅色になるので、ラップはかけない（写真）。

2 フライパンにサラダ油を入れて中火で温め、キッチンペーパーで肉の水けを拭いて入れる。表裏側面をそれぞれ1分ずつ焼いて焼き色をつける。

3 ジッパー付きの袋にAを合わせて入れ、油を拭き取って2を加え、空気を抜いて口を閉じる。バットにのせ、冷蔵庫で4～5時間寝かせて味をなじませる。

■冷蔵で4日、冷凍すれば1カ月保存できる。

ローストビーフサラダ

材料　2人分

ローストビーフ ―― 50g
ロメインレタス ―― 6枚
A
- フレンチマスタード、レモンの搾り汁 ―― 各大さじ1
- サラダ油 ―― 大さじ2
- 塩 ―― 小さじ⅕
- こしょう ―― 少々

ゆで卵 ―― 1個
こしょう ―― 少々

1 ローストビーフは1.5㎝角に切る。

2 ボウルにAを合わせ、食べやすく切ったレタスを加えてあえたら器に盛り、1をのせる。

3 まな板にこしょうを振って広げ、殻をむいたゆで卵を転がし、全体にこしょうをまぶす。粗みじん切りにして散らす。

ローストビーフ丼

材料　2人分

ローストビーフ ―― 70g
小ねぎの小口切り ―― 少々
青じそ ―― 4枚
温かいご飯 ―― 300g
A
- おろしにんにく、おろししょうが ―― 各小さじ1
- はちみつ ―― 大さじ1
- しょうゆ ―― 小さじ2

1 ローストビーフは5㎜幅の薄切りにする。

2 丼にご飯を盛り、1を二つに折りながらのせ、青じそと小ねぎを添える。いただくときに、Aを合わせたたれをかける。

極意 02

刺身を細かくしたり角切りにしてみるといつもと違う食べ方を思いつきます。切り方を変えるだけでレシピが変わります。

大きめの角切りと小さい角切り。食感が変わると味も変わります。小さい角切りは幼児やご年配の方にも食べやすいです。

セビチェ風刺身サラダ

材料　2人分
まぐろの刺身（赤身）――100g
A［玉ねぎのみじん切り――大さじ2
　パセリのみじん切り――大さじ1
　おろしにんにく――小さじ½
　オリーブ油――小さじ1
B［しょうゆ、酢――各小さじ1
フリルレタス――2枚
チャービル――2本

1 耐熱ボウル（小）にAを入れて混ぜ、ふんわりとラップをかけて電子レンジ600Wで40秒加熱したら、取り出して粗熱を取る。
2 まぐろを2㎝角に切り、ボウルに入れ、1を加えて混ぜる。
3 器にざく切りにしたフリルレタスを敷き、2を盛り、チャービルを散らし、Bを合わせて回しかける。

まぐろ丼

材料　1人分
まぐろの刺身（赤身）――50g
青じそのみじん切り――2枚分
温かいご飯――150g
すし酢（市販品）――大さじ½
うずらの卵（または卵黄）――1個
しょうゆ、練りわさび――各少々

1 まぐろは5㎜角くらいに細かく刻み、青じそを加えて混ぜる。
2 ご飯にすし酢を加えて混ぜる。
3 器に2を盛り、まぐろをのせ、うずらの卵とわさびを添える。いただくときに、しょうゆをかける。

キャベツを横にして立てたら、半分に切る。

切り口を下にしてまな板におき、好きな幅でせん切りに。斜めに切っていくと、なお切りやすい。

まずキャベツを横半分に切ります。
それからせん切りにすると、
あら、なんと、切りやすい！
思い込みを捨てると思わぬ発見が。

コールスローサラダ

材料　4～6人分
せん切りキャベツ――½個分
玉ねぎ――½個
にんじん――中⅓本
塩、砂糖――各小さじ1
こしょう――少々
A［酢――¼カップ
　サラダ油、エクストラバージン
　オリーブ油――各大さじ1

1 玉ねぎはスライサーで薄切りにする。にんじんは皮をむき、粗めのせん切りにする。全部ボウルに入れて塩、砂糖、こしょうも加え、手で混ぜる。
2 せん切りキャベツは洗ってざるへ上げ、1のボウルに加える。合わせたAを回しかけ、両手でキャベツをすくい上げながら混ぜる。じかにラップを張りつけて冷蔵する。
3 2～3時間おいて、しんなりしていたらできあがり。
■ふた付き容器で冷蔵すれば1週間保存できる。

キャベツオムレツ

材料　2人分
せん切りキャベツ――100g
牛ひき肉――50g
A［片栗粉――小さじ1
　塩、こしょう――各少々
卵――4個
塩、こしょう――各少々
バター――小さじ4
パセリ――少々
ケチャップ――適量

1 耐熱ボウルに牛ひき肉とAを入れて箸で混ぜ、せん切りキャベツをのせ、ふんわりとラップをして電子レンジ600Wで3分加熱する。取り出して混ぜ、2つに分ける。
2 1人分ずつオムレツを焼く。ボウルに卵2個を溶いて塩、こしょうをして混ぜる。
3 フライパンにバター小さじ2を入れて弱火で溶かし、2を流し入れ、強火にして箸でかき混ぜ、半熟状になったら1の半量をのせ、卵を返して包む。
4 皿をかぶせて逆さにして取り出し、パセリを添え、ケチャップをかける。残りも同様に焼く。

多めの油をフライパンに入れ、強火で熱する。

別の器に油を全部あける。それから肉を焼く。

多めの油を注いで熱したら
いったん、油は全部あける。
それから肉を入れます。
ステーキを上手に焼くコツです。

レモンステーキ

材料　2人分

牛ランプ肉――――1枚（200g）
塩、こしょう――――各少々
A［しょうゆ、酒、砂糖――――各大さじ2
　にんにくのすりおろし――½片分
　レモンの搾り汁――――大さじ3
レモン――――1個
イタリアンパセリ――――少々

1 牛肉は表面の水けを拭き、塩、こしょうを振り、バットにのせてラップはせず室温に30分おく。ヘモグロビンが空気に触れることで、焼き上がりが鮮紅色になる。

2 まな板にラップを敷き、牛肉をおきラップをかぶせ、麺棒で倍の大きさになるまでたたく（写真）。

3 フライパンに油（分量外）を1㎝の深さに入れて強火で熱し、いったん全部あける。肉を入れ、強火で30秒焼く。返してさらに30秒焼き、取り出す。

4 **3**のフライパンに**A**を入れて煮立たせ、肉を戻して30秒ほどからめる。

5 器に**4**のたれを少量敷き、肉を切ってのせ、残ったたれをかける。レモンを5㎜幅にスライスしてのせてイタリアンパセリを散らす。

皮がパリパリのチキンソテーに仕上げるには
フライパンを熱しないうちに
皮目から鶏肉を入れます。

火をつける前のフライパンに
皮目から鶏肉を入れる。

途中で出てきた脂は
キッチンペーパーで拭き取る。

鶏もも肉のパリパリソテー

材料 2人分

鶏もも肉――1枚(約300g)

A にんにく――1片
粒黒こしょう――5粒
チャービル――2茎(ざく切り)
バジル――1茎(ざく切り)
レモンの搾り汁――大さじ1
塩――小さじ¼
オリーブ油――小さじ1

白ワイン――大さじ2

＊B 塩――小さじ1
ガーリックパウダー、コリアンダー(粉末)、赤唐辛子の粗刻み、粗びき黒こしょう、ジンジャーパウダー、粉山椒――各小さじ¼

＊Bは市販のクレイジーソルトでもよい。

1 ポリ袋にAのにんにく、粒黒こしょうを入れ、袋の外から麺棒でたたいて粗くつぶし、その他の材料を加えて混ぜる。

2 鶏肉の水けを拭き、1に入れて1時間、冷蔵庫で寝かせる。

3 冷たいフライパンに鶏肉の皮目を下にして入れ、中火にして8分、皮がパリッとするまで焼く。

4 皮にこんがり焼き色がついたら裏返し、溶け出た脂はキッチンペーパーで拭き取る。ワインを回しかけ、ふたを少しずらしてのせ、中火で4分焼き、中まで火を通す。

5 切り分けて器に盛り、Bを合わせて添える。

鶏むね肉のソテー ポテチ添え

材料 2人分

鶏むね肉（皮付き）――1枚（約300g）

A［塩――小さじ½

こしょう、ガーリックパウダー――各小さじ⅕

エクストラバージンオリーブ油、

エルブドプロバンス＊――各小さじ2

はちみつ――大さじ1

ポテトチップス――適量

＊南フランス・プロバンス地方のハーブミックスの市販品。

1 鶏むね肉はバットに入れ、Aを手ですり込んでなじませ、オリーブ油をからめ、ラップを張りつけ、冷蔵庫で2時間寝かせる。この状態で3日ほど保存できる。

2 冷たいフライパンに鶏肉の皮目を下にして入れ、中火にして8分、皮がパリッとするまで焼く。

3 皮にこんがり焼き色がついたら裏返し、皮を上にしてはちみつを塗り、エルブドプロバンスを振る。ふたを少しずらしてのせ、中火で4分焼く。

4 取り出して粗熱が取れたらそぎ切りにする。器にポテトチップスを敷き、鶏肉を盛る。

手羽先のパリッと焼き

材料　2人分

鶏手羽先――――――――6本
A ガーリックパウダー――小さじ1
パプリカ(粉末)、塩―各小さじ½
一味唐辛子――――――小さじ¼
こしょう――――――少々
サラダ油――――――小さじ1
キャベツ――――――100g

1 キャベツは耐熱容器に入れ、ふんわりラップをし、電子レンジ600Wで2分加熱し、3〜4cm角に切る。

2 手羽先は水けを拭き、手羽中の裏側から骨に沿って3cmほど切り込みを入れる。

3 ポリ袋にAを入れ、2を加え、振ってまぶす。

4 フライパンにサラダ油を入れ、3を皮目を下にして並べ入れ、中火にして6分、皮がパリッとするまで焼く。

5 皮にこんがり焼き色がついたら裏返し、少しずらしてふたをして弱火で4分焼く。器に1と盛る。

鶏肉は皮の下に薄い膜（コラーゲン）があるので、包丁の先で突いて切り目を入れる。味のしみ込みもよくなる。

豚肉は脂肪と赤身の境目のところに切り目を入れる。肉が厚い場合は両面から、薄い場合は片面だけに入れれば大丈夫。

「肉の筋切り」とは、
鶏肉は皮の下の薄い膜に切り込みを入れること。
豚肉は脂肪と赤身の間に切り目を入れること。
こうすると加熱しても縮んだり反ったりしない。

チキンカツレツ

材料　2人分

鶏もも肉――1枚(約300g)
卵――1個
A〔粉チーズ――大さじ3
　塩――小さじ1
　ナツメグ――少々
強力粉、パン粉(細かいもの)、サラダ油――各適量
バター――50g
B〔マンゴー(チャンク・冷凍)――50g
　しょうがのみじん切り――小さじ1

1 鶏肉は皮を上にしてまな板におき、包丁の先で10カ所ほどを突いて筋切りをする。

2 ボウルに卵を割りほぐし、Aを加え、こしがなくなるまで混ぜる。

3 ポリ袋に強力粉を入れ、1を加え、大きく振って満遍なく粉をつける。

4 3を2にくぐらせ、パン粉を手のひらでギュッと押さえつけるようにしてまぶす。そのまま常温で30分おき、パン粉を定着させ、少し乾かす。

5 フライパンに肉が半分浸る程度のサラダ油を注ぎ、低温(140℃)に温め、4を入れて返しながら、4分加熱する。

6 油にバターを加え、泡立ったら、お玉で油をかけながら、表裏をそれぞれ2分ずつ揚げる。

7 箸で押さえてみて固くなっていたら引き上げる。4分ほどおいて余熱で火を通し、肉汁を落ち着かせてから3cm幅に切る。

8 器に盛り、Bを合わせたソースを添える。好みでイタリアンパセリ(分量外)を添えても。

ポークチャップ

材料　1人分
豚肩ロース肉（とんかつ用）――1枚（約100g）
塩麹――小さじ1（または塩小さじ⅕）
サラダ油――小さじ1
ほうれん草――40g
A［塩、こしょう――各少々
　ワインビネガー、オリーブ油――各小さじ1

1 豚肉は脂身と赤身の間に包丁の先で切り込みを入れ、5〜6カ所筋切りをする。
2 1の両面に塩麹を塗って5分おく。
3 フライパンを強火で熱してから中火にしてサラダ油を入れ、豚肉をおく。フライ返しで押さえながら、きつね色になるまで中火で3分焼く。
4 肉を返して弱火にし、溶け出た脂をキッチンペーパーで拭き取り、少しずらしてふたをする。竹串を刺して透明な汁が出てくるまで3分加熱し、油をきる。
5 ほうれん草は4〜5㎝長さに切ってAであえる。豚肉とともに器に盛る。

照り焼きポーク

材料　1人分
豚ロース肉(とんかつ用)――1枚(約100g)
サラダ油――小さじ1
A［バルサミコ酢(または米酢)、しょうゆ――各大さじ1
　砂糖――小さじ1
　おろしにんにく――小さじ½
長芋――50g
粗びき黒こしょう――少々

1　豚肉は脂身と赤身の間に包丁の先で切り込みを入れ、5〜6カ所筋切りをする。
2　フライパンを強火で熱してから中火にしてサラダ油を入れ、豚肉をおく。フライ返しで押さえながら、きつね色になるまで中火で3分焼く。
3　肉を返したら、溶け出た脂をキッチンペーパーで拭き取り、Aを合わせて回し入れ、ソースにとろみがついたら火を止める。
4　長芋はスライサーで薄切りにする。器に肉とともに盛り、フライパンに残ったソースをかけ、こしょうを振る。あればチャービル(分量外)を添える。

極意07

鶏むね肉やさばなど、パサつく食材はソミュール液に1、2時間漬けると、驚くほどしっとり。

ソミュール液はアメリカではブライン液、日本では塩糖水とも呼ばれる。水500㎖＋塩小さじ2＋砂糖大さじ2の割合で作る漬け込み液。好みのハーブやスパイス、にんにくなどを加えてもおいしい。

よだれ鶏

材料　2〜3人分

鶏むね肉（皮なし）――200g

A
- 水――250㎖
- 塩――小さじ1
- 砂糖――大さじ1

B
- しょうゆ、ラー油――各大さじ1
- トマト（湯むきして種を除いて1cm角切り）――100g
- 酢、みりん――各大さじ1
- 水――大さじ2
- おろしにんにく――小さじ1
- 長ねぎのみじん切り――5cm分

1 ボウルにAを入れてソミュール液を作り、鶏むね肉を加えて1時間冷蔵する。一晩漬けてもよい。

2 鶏肉の水分を拭き取り、まな板に皮を上にしてのせ、はじけ防止に包丁の先で3〜4カ所突く。

3 耐熱ボウルに入れてふんわりとラップをし、電子レンジ600Wで3分30秒加熱する。取り出して粗熱を取り、1.5cm幅に切ってから、それぞれを2つに切る。

4 器に盛り、Bを合わせたソースをかける。

さばのガーリックステーキ

材料　1～2人分

- さば（三枚下ろし、中骨を除いたもの）――1枚
- A
  - 水――500㎖
  - 塩――小さじ2
  - 砂糖――大さじ2
  - ローリエ――1枚
- 強力粉――小さじ1
- オリーブ油――大さじ1
- にんにく――4片
- こしょう――少々
- すだち（半分に切る）――1個

1 ボウルにAを合わせてソミュール液を作り、さばを2時間ほど漬ける。

2 にんにくは縦半分に切って芯を除き、3㎜厚さにスライスする。

3 さばの水分を拭き取り、半分に切ってポリ袋に入れて強力粉を加え、振ってまぶす。

4 フライパンにオリーブ油と2を入れ、弱めの中火にかける。にんにくがうっすらきつね色になったら、取り出しておく。

5 4のフライパンにさばの皮を下にして入れ、フライ返しで押さえながら中火で3分焼く。

6 裏返したら弱火にし、少しずらしてふたをして2分焼く。

7 器にさばを盛り、にんにくをのせ、こしょうを振り、すだちを添える。

※市販の甘塩さばを使うとソミュール液に漬けたのと同じ効果を得られる。

すずきの山椒焼き

材料　2人分

すずき――2切れ
A［水――500ml
　塩――小さじ2
　砂糖――大さじ2
　ローリエ――1枚
　粒黒こしょう――少々］
強力粉――適量
オリーブ油――小さじ2
B［柚子の搾り汁――小さじ½
　しょうゆ、酒、みりん、
　はちみつ――各大さじ1］
はちみつ――大さじ1
実山椒――小さじ1
ししとう――8〜10本
木の芽――少々

1 ボウルにAを合わせてソミュール液を作り、すずきを2時間ほど漬ける。

2 すずきの水分を拭き取り、強力粉をまぶす。

3 フライパンを中火で熱し、オリーブ油を入れ、すずきの皮目を下にして焼く。皮と身の間の色が白く変わってきたら、側面と裏をそれぞれ1分ずつ焼いてバットに取り出す。

4 フライパンに残った油をキッチンペーパーで拭き取り、Bを入れて弱火でキャラメル色になるまで煮詰める。はちみつと実山椒を加え、とろみがついたらすずきを戻してからめ、火を止める。

5 器にすずきを盛り、ソースをかけ、グリルで焼いたししとうを添える。木の芽を手のひらでたたいてのせる。

極意08

ひき肉はよく炒めて脂と水分を出しきってから使うと、くさみが取れて肉のうまみは凝縮され、極上の仕上がりに。

ひき肉にはけっこう脂が含まれているので、じっくりカリッとするくらいまで炒めて脂を出しきる。こうすると脂とともに揮発性のくさみ成分が蒸散して、うまみだけが凝縮される。

ひき肉チャーハン

材料　1人分

ご飯————————150g
豚ひき肉————————50g
長ねぎのみじん切り————5㎝分
ガーリックパウダー————小さじ¼
サラダ油————————大さじ1
A［鶏がらスープの素（顆粒）、塩麹（または塩）————各小さじ¼
　 酒————————小さじ1
粗びき黒こしょう————————少々
目玉焼き————————2個
ザーサイ————————少々

1　フライパンにサラダ油を入れて中火にかけ、豚ひき肉と長ねぎ、ガーリックパウダーを加えて炒める。ひき肉の色が変わって火が通ったように見えても、さらに3分中火で炒め続けてくさみを飛ばす。

2　ひき肉がカリカリになり、きつね色になったらご飯を加え、炒める。

3　Aを加えてさらに炒め合わせる。器に盛り、目玉焼きとザーサイを添え、こしょうを振る。

なすの鶏そぼろ煮

材料　2人分
なす———300g
サラダ油———小さじ1
鶏ひき肉———50g
A〔薄口しょうゆ———小さじ2
　砂糖、酒———各大さじ1
水———1カップ
しょうがのせん切り———少々

1 なすは2㎝幅の輪切りにする。

2 鍋にサラダ油と鶏ひき肉を入れて火にかける。鍋を傾けて、油のたまったところでひき肉を炒りつけ、肉の色が変わったら、鍋を平らにして水分が飛んでパラパラになるまで炒める。

3 2になすとAを加えて水を注ぎ、強火にして煮立ったらアクを除く。落としぶたをして強めの中火で10〜12分煮る。

4 煮汁が⅓くらいになったら、アクを除く。器に盛り、しょうがをのせる。

春雨とひき肉の炒め物

材料　2人分
豚ひき肉——100g
ごま油——大さじ1
A ┌しょうが、にんにく(各みじん切り)——各小さじ1
　└小ねぎのみじん切り——大さじ3
豆板醤——小さじ½
B ┌水——2カップ
　│鶏がらスープの素(顆粒)——小さじ½
　│しょうゆ——大さじ1½
　└みそ、砂糖——各小さじ1
緑豆春雨(乾)——50g

1 フライパンにごま油を入れてAを加え、中火で香りが出るまで炒める。
2 豚ひき肉を加え、しっかり水分が飛んでカリカリになるまで炒める。
3 ひき肉がきつね色になったらBを加えて強火で加熱し、春雨を乾燥のまま長ければ切って加えて混ぜる。ふたをして弱火で4分ほど加熱する。

クッキングシートで魚を包んで焼くと フライパンでも焼き魚がおいしくできあがります。 しかも後片づけがとてもラクチンです。

クッキングシートで魚を包む。二つ折りにして挟んでもよいし、包むようにしてもよい。

そのままフライパンに入れて加熱する。蒸し焼きになるのでパサつかず、焦げつかない。

鮭のみそ焼き

材料　2人分
鮭のみそ漬け———2切れ
大根———100g
水菜のざく切り———少々

1　鮭についているみそを除く。15cm四方のクッキングシートを二つに折り、鮭を挟む。
2　フライパンにのせ、ふたはしないで弱火で表裏それぞれ4分ずつ焼く。
3　大根は皮をむいて大きめの乱切りにし、耐熱容器に入れ、ふんわりとラップをして電子レンジ600Wで2分加熱する。器に鮭とともに盛り、水菜を添える。

［鮭のみそ漬けの作り方］

材料　作りやすい分量
生鮭———2切れ（1切れ70〜80g）
A［みそ、砂糖———各大さじ2
　［酒———大さじ1

1　Aを合わせ、なめらかになるまで混ぜる。
2　22cm四方のラップ2枚を広げ、**1**を大さじ1ずつのせ、鮭をおき、残りの**1**を上にのせてぴっちり包む。ジッパー付きの袋に入れ、冷蔵する。
■冷蔵で5日間保存できるが、それ以上になるときは味が濃くなるので冷凍する。

太刀魚の塩焼き

材料　1人分

- 太刀魚 ——— 1切れ
- 塩 ——— 小さじ¼
- 博多おろし
  - 大根おろし ——— 50g
  - A
    - ちりめんじゃこ ——— 小さじ1
    - 一味唐辛子 ——— 少々
    - 青じその粗みじん切り ——— 1枚分
  - 酢 ——— 小さじ½
- レモンのくし形切り ——— 1個

1 太刀魚は盛り付けたとき表になる方に1㎝間隔の切り込みを入れ、塩を振る。

2 25㎝四方のクッキングシートにサラダ油（分量外）をハケで薄く塗り、**1**の切り目を入れた面を下にしてのせて二つに折って挟む。

3 フライパンにおき、ふたはしないで弱火で4分焼く。下側に焼き色がついたら、クッキングシートごと返して弱火で3分焼く。

4 大根おろしの水を軽くきり、**A**を加えて最後に酢をかける。

5 器に太刀魚と**4**を盛り、レモンを添える。

明太いわし

材料　2人分
明太いわし――――2尾
大根おろし――――30g
しょうゆ――――少々

1 明太いわしは盛り付けたとき表になる方に×の切り目を入れる。
2 いわしの長さに合わせ、クッキングシートを切り、二つに折っていわし2尾を挟む。
3 切り目を入れた面を下にしてフライパンにのせ、ふたをして弱火で4分焼く。クッキングシートごと返して弱火で4分焼く。
4 器に盛り、大根おろしを添えてしょうゆをたらす。

極意 10

魚のポワレもムニエルも多めの油をかけながらソテーするのがコツ。パリッと仕上がります。

ポワレ、ムニエル、ソテーは仏語や英語で呼び方が違いますが、いずれも魚の洋風の調理のこと。多めの油の中に魚を入れて加熱しながら、熱した油をかけ続ける。

鱈のムニエル

材料　2人分

鱈――――――――2切れ
塩―――――――――少々
強力粉――――――小さじ1
サラダ油―――――――適量
バター――――――大さじ2
レモンの輪切り――――4枚
パセリのみじん切り――2本分

1 鱈はキッチンペーパーに挟んで水けを取り、塩を振る。

2 ポリ袋に強力粉を入れ、**1**を加え、振って粉をまぶす。

3 フライパンを熱してサラダ油を入れ、鱈の皮を下にして並べる。身が反らないようにフライ返しで30秒ほど押さえ、スプーンで油をかけながら中火で4分焼く。裏返して弱火で4分焼く。

4 キッチンペーパーを敷いたバットに**3**を取り出し、油をきる。

5 フライパンの油をあけ、バターを入れて弱火で溶かし、レモンを焼き、器に敷く。上に鱈を盛る。

6 フライパンに残っているバターにパセリを加えて火を通し、**5**にかける。

かじきのバジルソース

材料　2人分
かじき――――――――2切れ
玉ねぎの薄切り――――100g
ピザ用チーズ――――――25g
バジルソース（下記参照）――大さじ4
オリーブ油――――――大さじ2

1 かじきはキッチンペーパーに挟んで水けを取る。

2 フライパンを火にかけてオリーブ油を入れ、かじきを並べる。身が反らないようにフライ返しで30秒ほど押さえ、スプーンで油をかけながら中火で4分焼く。

3 かじきを裏返してバジルソースをのせ、チーズを散らし、周りに玉ねぎを散らし、ふたをして弱火で1分蒸して火を止める。

4 器に玉ねぎを敷いてかじきを盛り、残っているソースをかける。

［バジルソース］

材料　できあがり400g分
バジル（葉のみ）――――60g
パセリ（葉のみ）――――40g
オリーブ油――――――1カップ
にんにく――――――――1片
ケイパー（漬け汁のワインビネガーを含む）――――1瓶（43g）
アンチョビ（オリーブ油を含む）――3枚
粉チーズ――――――――80g

1 ボウルに氷水（分量外）を用意する。鍋に熱湯（分量外）を沸かす。バジルとパセリの葉をひとつかみ入れ、2～3秒加熱し、網じゃくしですくい上げ、氷水に移す。何回か繰り返して全部入れ終わったらざるに上げ、水けを絞って1cm幅のざく切りにする。

2 ミキサーにオリーブ油、1、にんにく、ケイパーとアンチョビは漬け汁ごと加え、なめらかになるまで回す。

3 粉チーズを加え、さらに撹拌する。

■冷蔵で1カ月、冷凍で2カ月保存できる。

鯛のポワレ

材料　2人分

鯛――2切れ
A〔塩――少々
〔強力粉――小さじ1
サラダ油――大さじ2
バター――大さじ2
玉ねぎのみじん切り――¼個分
B〔生クリーム――¼カップ
〔片栗粉――小さじ½
ほうれん草（サッとゆでて冷水に取りざく切り）――100g
木の芽――2枚

1 鯛はキッチンペーパーに挟んで水けを取り、ポリ袋に入れ、Aを加えて振ってまぶす。

2 フライパンにサラダ油を入れ、盛り付けたとき表になる方を下にして鯛を並べ、中火で4分焼き、裏返す。

3 バターを加え、泡立ってきたらスプーンで鯛にかけながら中火で4分焼き、鯛を取り出す。

4 フライパンの油をあけ、残った少量の油で玉ねぎを炒め、Bを入れ、弱火でとろみがついたら火を止める。

5 器2枚にソースの半量をそれぞれ流し、ほうれん草と鯛を盛り、残りのソースをかけて木の芽を添える。

揚げ物をカラリと揚げるには、食材から出る水分をなるべく多く外へ逃がすことです。

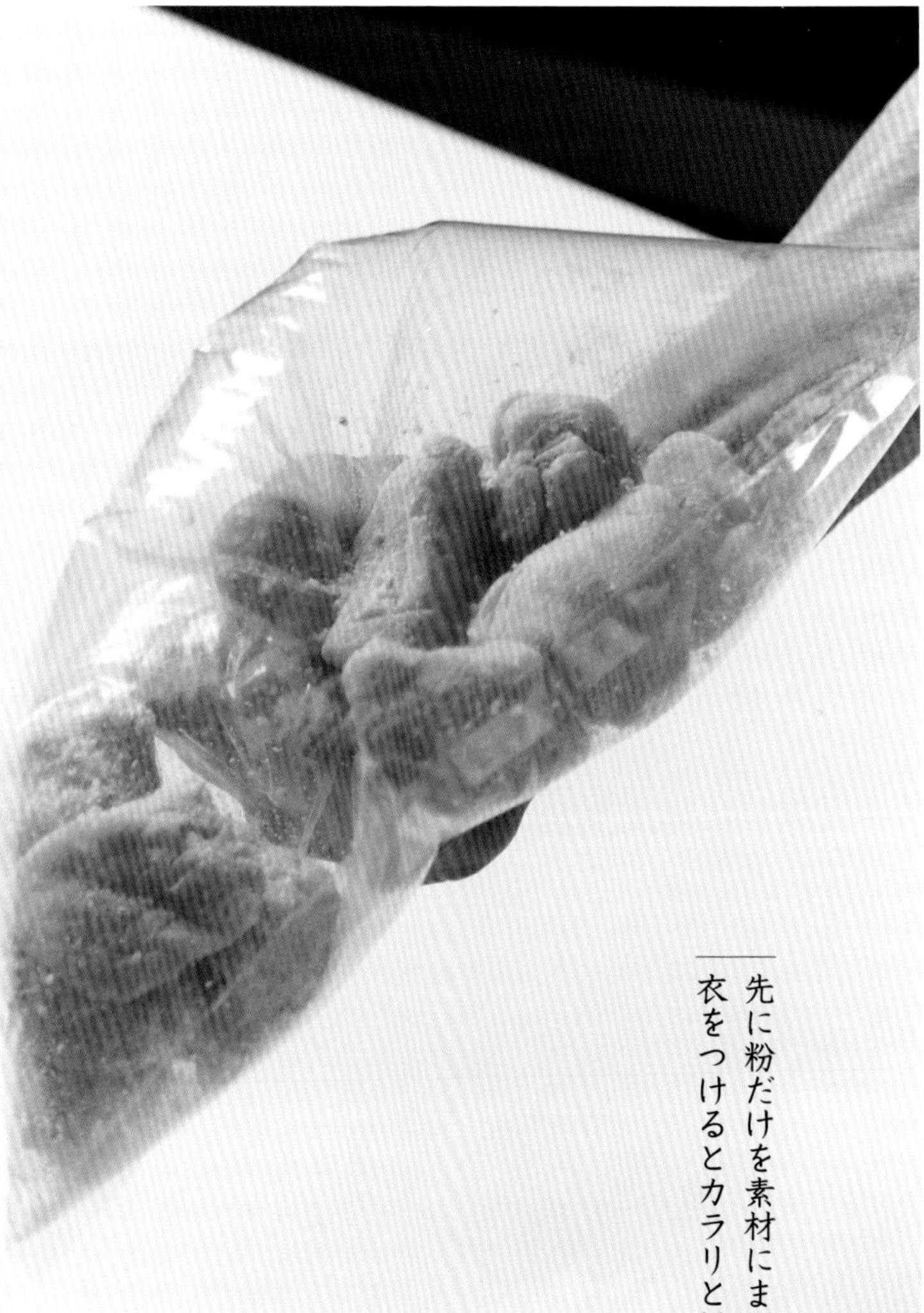

先に粉だけを素材にまぶしておいてから、衣をつけるとカラリと揚がる。

油の泡が小さくなってきたら
箸の先を逆さにV字にしてフライパンの底に当てる。
ゆっくり同じ方向に回し、
出てくる水分を蒸発させる。

鶏のから揚げ

材料　2人分

- 鶏むね肉（皮付き）——200g
- から揚げ粉（市販品）——大さじ2
- A［から揚げ粉（市販品）——大さじ3
- 　［溶き卵——大さじ1
- 揚げ油——適量
- 貝割れ菜（根を落とす）——½パック
- 水菜（サッとゆでて水に取る）——2本
- 溶き辛子——適量
- かぼすの半月切り——2個

1 鶏むね肉は身に5㎜間隔に縦横の切り目を入れてから、食べやすい大きさに切る。

2 ポリ袋にから揚げ粉大さじ2と1を入れ、振って粉をまぶす。

3 ボウルにAを合わせ、2を加え、手でからませる。

4 170℃の油に3を入れ、油の泡が小さくなってきたら箸の先を逆Vの字に開いてフライパンの底に当てる。同方向に回し、水蒸気を逃しながら、6〜7分かけて揚げ、油をきる。

5 器に4と貝割れ菜を盛り、かぼすを添える。水菜を輪にしておき、溶き辛子を入れる。

野菜とえびのかき揚げ

材料　2人分

- むきえび——70g
- にんじん——30g
- 三つ葉——20g
- 玉ねぎ——¼個
- 天ぷら粉（市販品）——大さじ2
- A［天ぷら粉（市販品）——大さじ3
- 　［冷水——大さじ3弱
- 揚げ油——適量
- 天つゆ
- 　［水——120㎖
- 　［削り節——小1パック（2.5g）
- 　［しょうゆ、みりん、酒——各大さじ1
- 大根おろし——適量

1 天つゆの材料を耐熱ボウルに入れ、ふんわりとラップをかけ、電子レンジ600Wで2分加熱したら茶こしで漉す。

2 ボウルにAを入れ、泡立て器で混ぜる。

3 えびは背わたを除き、1尾を2枚にそぐ。にんじんは3㎝長さの細切り、三つ葉も3㎝長さに切る。玉ねぎは薄切りにする。

4 ポリ袋に天ぷら粉大さじ2と3を入れ、振ってまぶす（写真）。

5 4をボウルにあけ、2を加え、全体に混ぜる。

6 フライパンに揚げ油を2㎝の深さまで入れて170℃に熱し、5を大さじ山盛り1杯ほど入れる。

7 強火にして揚げ、下側が固まって色づいたら裏返し、水蒸気を逃しながらカリッとなるまで揚げ、油をきる。

8 器に盛り、天つゆと大根おろしを添える。

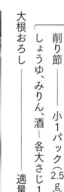

まぐろのカツ

材料　2人分

まぐろの刺身柵（冷凍）―――100g
塩麹―――小さじ½
強力粉、溶き卵（水少々を加えたもの）、
　パン粉（目の細かいもの）―――各適量
揚げ油―――適量
A［ケチャップ―――大さじ2
　ラー油、ガーリックパウダー―――各少々
ロメインレタス―――2枚
青たで―――少々
すだち（半分に切って種を除く）―――1個

1　まぐろをバットにのせ、上面に塩麹を塗り、室温に30分おく。塩麹を塗るとまぐろの身がふっくらとしてジューシーに仕上がる。

2　1をキッチンペーパーにのせて水分を拭き取り、強力粉、溶き卵、パン粉の順につける。

3　揚げ油を170℃に熱し、2を1分加熱し、裏返して30秒揚げ、油をきる。

4　器にロメインレタスを敷き、2cm幅に切ったまぐろを盛り、Aを合わせ、上に青たでをのせ、すだちを添える。

里芋の素揚げ

材料　2人分

里芋（冷凍）———— 150g
強力粉———— 小さじ1
揚げ油、ごま塩———— 各適量

1 耐熱ボウルにキッチンペーパーを2枚敷き、里芋をのせ、ふんわりとラップをして電子レンジ600Wで3分加熱する。

2 **1**の里芋をキッチンペーパーに取り出し、周りの水分を拭き取る。

3 ポリ袋に強力粉を入れ、**2**を加え、振ってまぶす。

4 里芋はすでに中まで火が通っているので170℃の油で2〜3分揚げ、きつね色になったら油をきる。

5 小皿にごま塩を入れ、**4**を転がして周りにつけ、器に盛る。

極意 12

茶わん蒸しは卵1個：だし100㎖

プリンは卵1個：牛乳100㎖

茶わん蒸しもプリンも同じ比率。
だしか牛乳かの違い。
卵1個に牛乳かだし100㎖。
これが黄金比です。

茶わん蒸し

材料 2人分

- 卵 —— 2個
- A だし —— 200ml
- A みりん、薄口しょうゆ —— 各小さじ2
- しめじ(石突きを除いてほぐしたもの) —— 大さじ2
- むきえび(背わたを取りサッとゆでる) —— 2尾
- 三つ葉(1cm幅のざく切り) —— 2本
- 柚子の皮 —— 少々

1 ボウルにAを混ぜ合わせ、溶いた卵を加えて混ぜたら漉す。

2 茶碗蒸しの器2個にしめじ、えび、三つ葉を等分に入れ、1を注ぎ、ぴったりとラップをかける。

3 10cm四方のアルミホイルを用意し、器にかぶせて型をつけたら、一度はずして中央を直径4cmくらいに丸く切り抜き、もう一度器にかぶせる。

4 電子レンジ庫内の中央に3を1個おき、600Wで2分加熱する。1分50秒くらいたったら、ラップの上からのぞいてみる。卵液がゆるいときはさらに600Wで30秒ほど加熱して仕上げる。取り出して、柚子の皮をのせる。もう1個も同様に加熱する。

プリン

材料 60ml容量のプリンカップ2個分

- A 砂糖 —— 大さじ2
- A 水 —— 大さじ1⅓
- 卵 —— 1個
- B 牛乳 —— 100ml
- B 砂糖 —— 大さじ1
- バニラエッセンス —— 少々

1 カラメルを作る。小さめの耐熱ボウルにAの砂糖と水小さじ1を入れて混ぜ、電子レンジ600Wで1～2分加熱する。焦げ色がついてきたら、取り出してゆすりながら好みの色にする。残りの水を加え混ぜる。

2 内側に薄くサラダ油(分量外)を塗ったプリンカップ2個に1を等分に入れ、冷蔵庫に入れて冷やし固める。

3 ボウルに卵を溶きほぐし、Bを加えて混ぜたら漉す。

4 プリンカップ2個に3を等分に入れ、それぞれにラップをかけ、茶わん蒸し同様、中央をくり抜いたアルミホイルをかぶせる。

5 電子レンジ庫内の中央におき、600Wで1分加熱する。もう1個も同様に加熱する。

6 プリン液が固まっていることを確かめて取り出し、冷蔵庫で3～4時間冷やす。カップの内側に竹串を刺して一周し、皿をかぶせて取り出す。

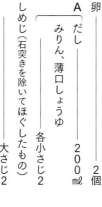

冷製茶わん蒸し

材料　2人分

卵――2個
だし――200㎖
A［みりん、薄口しょうゆ――各小さじ2
いくらのしょうゆ漬け――小さじ2
木の芽――少々

1 だし小さじ2を別の容器に取り分けておく。
2 残りのだしにAを加える。
3 ボウルに卵を溶きほぐし、2を加えて混ぜて漉したら、耐熱容器2個に注ぐ。
4 鍋に3を並べ入れ、1㎝深さまで水を注ぎ、ふたをして火にかける。
5 ゴトゴトと器が動く音がし始めたら、弱火で3分加熱し、火を止めて5分おく。取り出して粗熱を取り、冷蔵庫で冷やす。
6 1を小さじ1ずつ5に流し、いくらと木の芽をのせる。

※P53のように電子レンジで1個ずつ加熱してもよい。

豆乳プリン

材料　2人分
（容量150㎖の耐熱ガラス容器2個分）

卵 ―――――――――――― 1個

A［豆乳 ―――――――――― 100㎖
　 砂糖 ―――――――――― 大さじ1
　 バニラエッセンス ――――― 5滴

いちごのコンポート（またはジャム）
―――――――――――――― 大さじ2

ミントの葉 ――――――――― 少々

1 ボウルに卵を溶きほぐし、Aを加えたら漉して耐熱容器2個に注ぐ。

2 鍋に1を並べ入れ、1㎝深さまで水を注ぎ、ふたをして火にかける。

3 ゴトゴトと器が動く音がし始めたら、弱火で3分加熱し、火を止めて5分おく。取り出して粗熱を取り、冷蔵庫で冷やす。

4 いちごのコンポートを大さじ1ずつかけ、ミントの葉を添える。

※P53のように電子レンジで1個ずつ加熱してもよい。

極意 13

ゆで卵をツルンときれいにむくには殻全体に細かいヒビを入れ、卵の殻と内側の薄皮の間に隙間を作ります。それからすぐに氷水の中でむきます。

ゆでた卵をすぐに用意した氷水に網じゃくしで移し、3分浸す。3分より長くても短くてもだめ。

卵の上下をまな板や調理台など固く平らな場所で、コンコンと軽く打ちつけて殻にヒビを入れる。

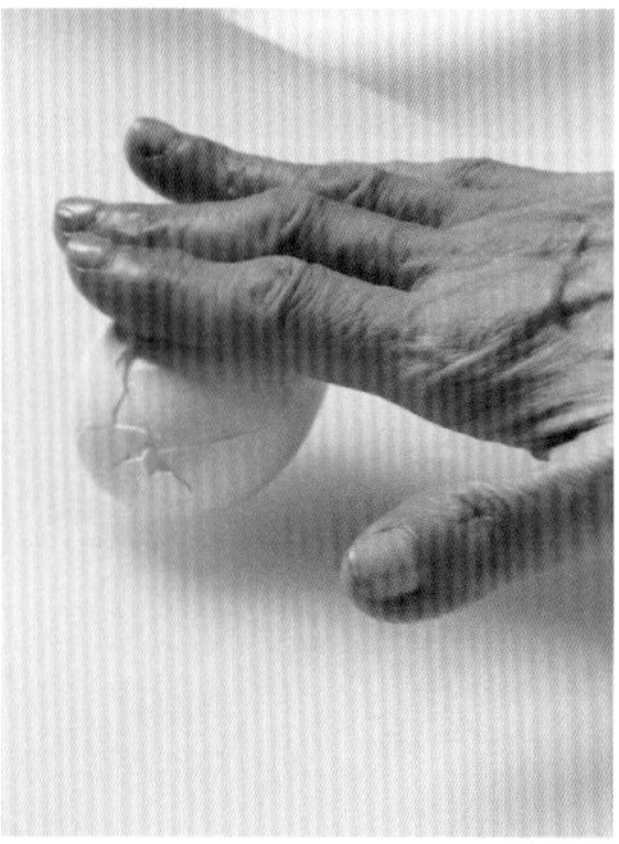

卵を横にして手のひらでやさしく転がすようにして殻全体に細かいヒビを入れる。

漬けるだけ味玉

材料　10個分

卵――――――――10個

麺つゆ（2倍濃縮）――――――300㎖

1 ボウルに水1.5ℓ（分量外）と氷500g（分量外）を入れて冷水を用意する。

2 鍋に水1.5ℓ（分量外）を沸騰させる。酢と塩各大さじ1（ともに分量外）を加える。塩と酢を加えておくと、卵の殻にヒビが入っていても割れ目のところで卵白が固まる。

3 お玉で冷蔵庫から出したばかりの卵を1個ずつ鍋に入れる。

4 フツフツ煮立つ程度の中火で6分加熱し、火を止める。

5 P56を参照して殻をむく。

6 容器に麺つゆを注ぎ、5を加える。麺つゆは薄めずに使う。

7 卵の上に濡れても破れないタイプのキッチンペーパー1枚を四つ折りにしてかぶせる。ふたをして4時間冷蔵する。4時間たったら味が濃くなるので漬け汁から引き上げ、ふた付き容器に移し、冷蔵する。

■冷蔵で1週間保存できる。

焼きしいたけ・味玉添え

材料1人分と作り方

生しいたけ3枚は石突きを落とし、傘に十字に切り目を入れ、切り目に斜めに包丁を入れて十字の飾り切りにする。グリルでこんがりと焼き、粗みじん切りにした味玉1個と器に盛る。好みで味玉に粉チーズを振る。

味玉おつまみ

材料1人分と作り方

長ねぎ10㎝はせん切りにして冷水に放してから水をきり、半分に切った味玉1個とともに器に盛り、粗びき黒こしょうを振る。

味玉おにぎり

材料1人分と作り方

ラップにご飯茶碗1杯分をのせ、中央に味玉をおき、周りのラップを寄せて味玉がのぞくように包み、握って形を整える。焼きのり½枚で巻いて小梅1個を埋め込む。

高野豆腐は熱湯に1分浸けてふるふるに。切り干しやひじきは水で戻すのではなく、ゆでこぼすと雑味がとれて仕上がり極上。

高野豆腐

高野豆腐は熱湯に1分浸したら水に取り、よく絞る。これでふるふるに。

ひじき

ひじきを入れて煮立ったらざるに上げ、水ですすぐ。

切り干し大根

切り干し大根を入れて煮立ったらざるに上げ、水ですすぐ。

高野豆腐の煮物

材料　2人分

高野豆腐 ―― 2個
だし
［水 ―― 240mℓ
［削り節 ―― 2.5g×2パック
A［みりん、砂糖 ―― 各大さじ1
［しょうゆ ―― 小さじ½
小松菜 ―― 100g

1 高野豆腐はP58を参照して戻し、1個を四つに切る。

2 だしをとる。耐熱メジャーカップに水を注ぎ、削り節を入れ、電子レンジ600Wで2分30秒加熱して茶こしで漉す。

3 鍋に1を並べ、だしを注ぎ、Aを加えて火にかける。沸騰したら、中火にしてアクをすくい、落としぶたをして煮汁が半量になるまで煮る。

4 小松菜は4cm長さに切って耐熱ボウルに入れ、3の煮汁大さじ3をかけてふんわりとラップをし、電子レンジ600Wで2分加熱する。

■冷蔵で4日間保存できる。

ひじきの五目煮

材料　2人分

ひじき（乾）―― 大さじ1
サラダチキン ―― 50g
ピーマン ―― 2個
赤パプリカ ―― ½個
A［酒、砂糖、しょうゆ ―― 各大さじ1
［ごま油 ―― 小さじ1

1 ひじきはP58を参照して戻し、水をきる。長いときは4～5cm長さに切る。

2 サラダチキンはほぐす。ピーマンと赤パプリカは1cm幅の細切りにする。

3 耐熱ボウルにAを入れ、1と2を加え、ふんわりとラップをして電子レンジ600Wで8分加熱する。取り出してよく混ぜる。

■冷蔵で4日間保存できる。

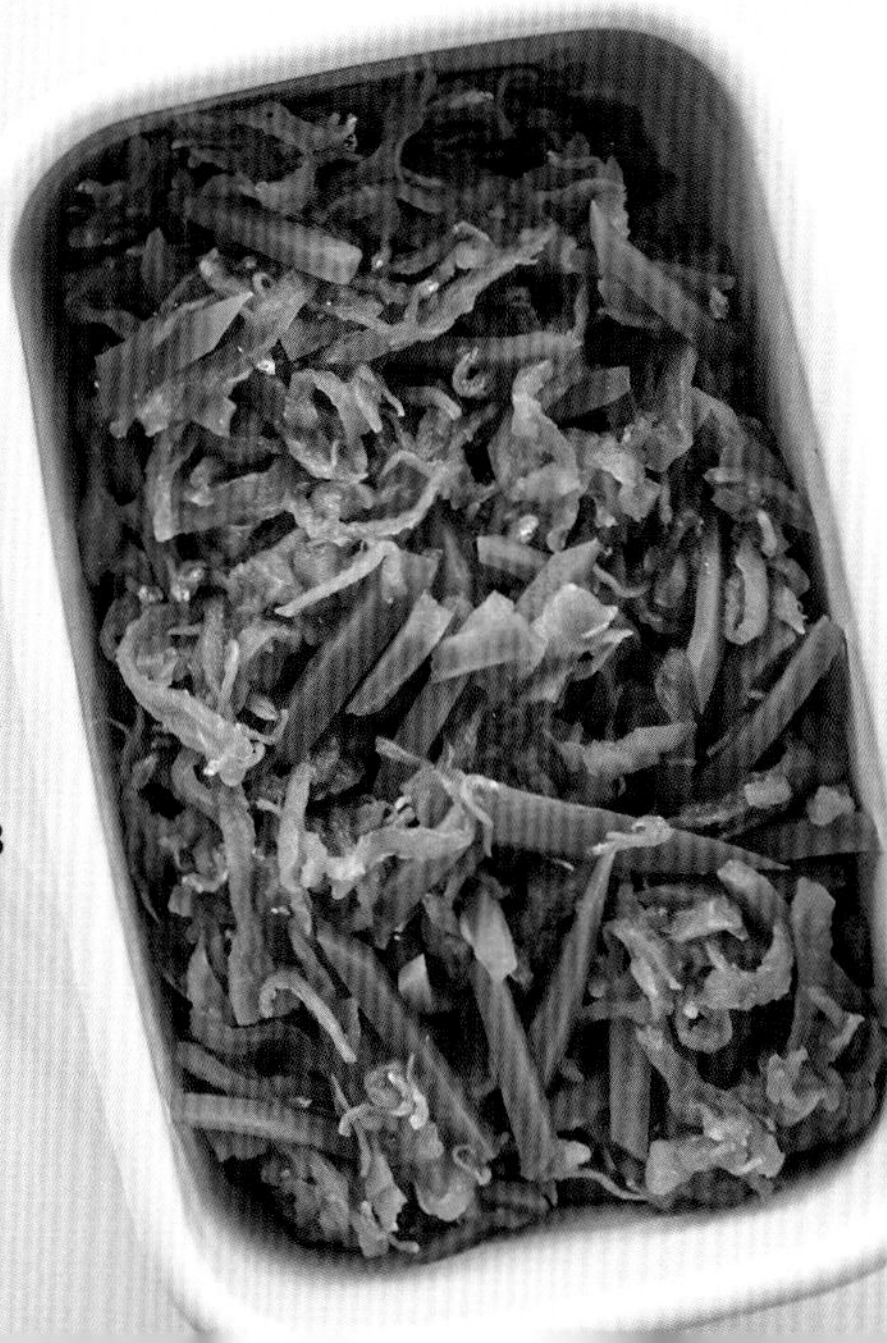

切り干し大根の煮物

材料　2人分

切り干し大根（乾）―― 10g
水 ―― ½カップ
A［しょうゆ、みりん ―― 各大さじ1
にんじん ―― 50g
ちりめんじゃこ ―― 大さじ1

1 切り干し大根はP58を参照して戻し、固く絞り、ざく切りにする。

2 にんじんは5cm長さのせん切りにする。

3 耐熱ボウルに水を入れ、Aを加えて混ぜ、1を加えて上に2とちりめんじゃこをのせる。ふんわりとラップをし、電子レンジ600Wで8分加熱する。取り出してよく混ぜる。

■冷蔵で4日間保存できる。

ひじきとねぎのサラダ

材料　2人分

ひじき(乾)――10g
長ねぎ――10cm
A［酢、しょうゆ――各小さじ2
　 塩、こしょう――各少々
　 ごま油、水――各小さじ1
パセリのみじん切り――少々

1　P58を参照してひじきを戻す。
2　長ねぎは半分に切って縦に切り目を入れて開き、繊維に沿ってせん切りにし、水に放してざるに上げる。
3　ボウルにAを合わせ、1と2を加えて混ぜ、器に盛り、パセリを振る。

ひじきと豆腐炒め

材料　2人分

ひじき(乾)――大さじ2
モロヘイヤ(葉を摘み取る)――50g
木綿豆腐――100g
サラダ油――大さじ1
A［和風だしの素(顆粒)――小さじ¼
　［薄口しょうゆ――小さじ2

1　P58を参照してひじきを戻す。
2　モロヘイヤはサッとゆで、冷水に取ってざるに上げ、水けを絞り、細かく刻む。
3　フライパンにサラダ油を入れ、木綿豆腐を入れて泡立て器でくずしながらそぼろ状にして炒め、1と2を加えて炒め、Aで調味する。

ひじきご飯

材料　2人分

米――1合
油揚げ――小1枚
ひじき(乾)――大さじ1
水――180㎖
A［和風だしの素(顆粒)――小さじ½
　［しょうゆ、酒――各大さじ1
白いりごま――少々

1　P58を参照してひじきを戻す。
2　米を洗ってざるに上げる。油揚げは縦半分に切ってから5㎜幅の細切りにする。
3　耐熱ボウルに水を注いでAを加えて混ぜ、米を加え、油揚げとひじきをのせ、両端を少しずつ開けてラップをかける。
4　電子レンジ600Wで8〜9分加熱する。沸騰してきたら、タイマーの時間が残っていても弱(150〜200W)または解凍キーに切り替え、12分加熱する。全体を混ぜ、ごまを振る。

切り干しのカラフル中華サラダ

材料　2人分

切り干し大根（乾）――10g
きゅうり――¼本
玉ねぎ――⅛個
にんじん――3cm
ホールコーン（水煮）――大さじ2
パクチー――1本
A［鶏がらスープの素（顆粒）――小さじ¼
　酢、砂糖、ごま油――各大さじ1

1 きゅうりは半月切り、玉ねぎは繊維に沿って薄切り、にんじんはせん切り、コーンは汁をきる。パクチーの茎は3cm長さに切る。

2 P58を参照して切り干し大根を戻す。

3 ボウルに**1**と**2**を入れ、Aを加えて混ぜる。器に盛り、パクチーの葉をのせる。

切り干しのかき揚げ

材料　2人分

切り干し大根（乾）――10g
三つ葉――4本
干しえび――大さじ1
A［天ぷら粉――大さじ3
　冷水――大さじ3弱
天ぷら粉――大さじ2
揚げ油――適量
粉チーズ――大さじ1

1 P58を参照して切り干し大根を戻す。三つ葉は3cm長さに切る。

2 Aをボウルに入れ、泡立て器で混ぜる。

3 ポリ袋に天ぷら粉大さじ2を入れ、**1**と干しえびを入れ、振ってまぶす。

4 **2**に**3**を加え、さっくりと混ぜる。

5 フライパンに揚げ油を2cm深さまで入れて170℃に熱し、**4**を2等分して油に入れる。強火にして揚げ、下側が固まってきたら裏返し、30秒ほど揚げて、油をきる。

6 器に盛り、好みで粉チーズをかける。

高野豆腐のふるふる煮

材料　2人分

高野豆腐――1個
水――1カップ
A［赤パプリカ、黄パプリカ――各½個
　 生しいたけ――3枚
　 にんじん――4㎝
B［砂糖、薄口しょうゆ―各大さじ2
　 みりん――大さじ1

1 P58を参照して高野豆腐を戻し、2㎝角に切る。
2 Aの野菜はへた、種、石突きを除き、すべて2㎝角程度に切る。
3 鍋に水を注いでBを加え、1と2を加えて火にかける。
4 落としぶたをしてフツフツと煮立つ程度の中火強で8分煮て、にんじんが軟らかくなったら火を止める。常温まで冷まして味を含ませ、器に盛る。

高野豆腐のしめじそぼろあん

材料　2人分

高野豆腐――2個
しめじ――½パック
鶏ひき肉――50g
サラダ油――小さじ1
A［だし――1カップ
　 酒、砂糖――各大さじ1
　 しょうゆ――小さじ½
B［片栗粉――小さじ1
　 水――小さじ2
小ねぎの小口切り――2本分

1 P58を参照して高野豆腐を戻し、1個を4つに切る。しめじは石突きを除いてほぐす。
2 フライパンにサラダ油と鶏ひき肉を入れて火にかける。箸で絶えず混ぜながらひき肉がパラパラになるまで炒め、特有のにおいを飛ばす。
3 鍋にAを入れ、高野豆腐を並べ、しめじと2を加え、火にかける。煮立ったら中火強にし、8分ほど煮て、Bを加えてとろみをつける。器に盛り、小ねぎを散らす。

極意 15

少しずつ残った野菜はミックス干し野菜にします。10gの干し野菜は生野菜100gなので、野菜不足を補えます。

1 野菜は戻したとき使いやすく食べやすいように、薄切りや拍子木切り、短冊切りなどにする。好みの野菜でよい。

2 耐熱ボウルに入れ、ラップをして電子レンジ600Wで100gにつき2分を目安に加熱する。200gなら4分。

3 ざるにあけて熱が取れたら手で水分を絞り、バットやお盆にクッキングシートを敷いて広げるように並べる。

4 カラカラになるまで1~2日、室内で干す。天気がよければ外で干すと時間短縮できる。

■使うときは水で戻し、戻し汁も調理に使う。
あえものなどは少量の水を加え、指でもんで柔らかくして用いる。

■保存法：保存容器や保存袋に入れ、冷蔵庫で保存。乾燥剤も入れるとよい。
保存は冷蔵で6カ月、冷凍で1年を目安に。

干し野菜のみそ汁

材料　2人分
干し野菜——20g
木綿豆腐——50g
だし——300㎖
みそ——小さじ4

1 鍋にだしと干し野菜、手で豆腐をちぎって入れ、強火で加熱する。
2 煮立ってきたらアクを除き2〜3分煮る。野菜が柔らかくなったらみそを溶き、ひと煮して火を止める。

干し野菜のハニーマヨあえ

材料　2人分
干し野菜——20g
水——100㎖
A［マヨネーズ——大さじ1
　はちみつ——小さじ1
リーフレタス——少々

1 耐熱ボウルに干し野菜と水を入れ、ふんわりとラップをし、電子レンジ600Wで1分加熱する。5分おいてからざるに上げる。
2 ボウルにAを合わせ、1を軽く絞ってあえる。器にレタスと盛る。

干し野菜の炊き込みご飯

材料　2人分

米 ——— 1合
油揚げ ——— 1枚
干し野菜 ——— 20g
水 ——— 180mℓ
A ［和風だしの素（顆粒）——— 小さじ½
　 しょうゆ、酒 ——— 各大さじ1

1 米を洗ってざるに上げ、15分おく。油揚げは縦半分に切り、5㎜幅の細切りにする。

2 炊飯器に米を入れ、水を注ぐ。そこから調味料分の大さじ2をすくって除き、Aを加えて混ぜる。

3 上に干し野菜、油揚げの順に重ね入れ、4倍速キー（または早炊き）を押して炊飯する。

干し野菜の焼きうどん

材料　2人分

干し野菜――20g
水――100㎖
冷凍うどん――2パック
A［しょうゆ――大さじ2
　［砂糖、みりん――各大さじ1
サラダ油――大さじ1
豚もも薄切り肉――50g
削り節――ひとつかみ
紅しょうが――少々

1 耐熱ボウルに干し野菜を入れ、水を注ぎ、ふんわりとラップをし、電子レンジ600Wで1分加熱する。取り出して2分おく。

2 冷凍うどんはパックのすみを切り、包装のまま耐熱容器にのせ、電子レンジ600Wで4分加熱する。もう1パックも同様に。

3 フライパンにサラダ油を入れて食べやすく切った豚肉を炒め、**1**の野菜を戻し汁も一緒に加え、うどんと**A**も加えて強火で炒める。最後に削り節を振り入れて混ぜ、器に盛り、紅しょうがを添える。

野菜やきのこは、ジワジワじっくりと加熱していくと
甘みとうまみが凝縮され
びっくりするほどおいしくなるんです。

フライパンにトマトを丸ごと並べる。

オリーブ油を加え、塩を振ってふたをする。
中火弱で焦げ目がつくくらいになったら上下を返す。

焼きトマト

材料　2人分

トマト——中2個
オリーブ油——小さじ2
塩、一味唐辛子——各少々

1 フライパンにトマトを丸ごと並べ、オリーブ油を入れ、塩を振ってふたをする。

2 中火弱でジワジワ加熱し、4分ほどたったら上下を返し、さらに4分ほど弱火で蒸し焼きにする。

3 崩れる直前くらいまで焼き、皮に焦げ色がついたら一味唐辛子を振り、火を止める。

4 パン（分量外）をトーストし、焼きトマトをのせ、鍋に残ったオイルをかけ、トマトをつぶしながらいただく。

きのこのカリカリ焼き

材料　2〜3人分
しめじ、えのきたけ、生しいたけ、
エリンギ、まいたけ
――――――――各2パック合計1kg
オリーブ油――――――――大さじ1
塩――――――――――――小さじ¼

1 きのこは石突きを取って食べやすい大きさに切る、裂くなどする。
2 フライパン（写真は25cmのフライパン）にオリーブ油を入れ、きのこをほぐしながら入れる。
3 塩を振って中火にかける。ふたをしてきのこから水が出始め、全体に水が出て、きのこがしんなりするまで加熱したら、ふたを取って上下を返す。
4 強火にし、つきっきりで混ぜながら水分を飛ばし、かさが⅓まで減って、カリッとして全体に焦げ色がついたら火を止める。炒める目安は1時間ほど。

にんにくとローズマリーのポテトフライ

材料　4〜6人分

じゃがいも——1kg
にんにく（皮付き）——4片
ローズマリー（20cm長さ）——4本
揚げ油——適量
塩——少々

1　じゃがいもはよく洗い、皮付きのままキッチンペーパーで水けを拭き取り、1個を6〜8個のくし形に切る。

2　フライパンに**1**とにんにく、ローズマリーを入れ、油をかぶるまで注ぎ、強火にかける。

3　油の温度が上がって泡がぶくぶくしてきたら、箸でかき混ぜて水分を蒸発させ、きつね色になるまで揚げて油をきる。器に盛り、塩を振る。

焼き玉ねぎ

材料　4個分

玉ねぎ ―― 中4個（1個約200g）

塩、こしょう ―― 各少々

ワインビネガー、エクストラバージンオリーブ油 ―― 各小さじ1

1 フライパンにアルミホイルを敷き、玉ねぎをおく。

2 ふたをして強火にかけ、5分たったら中火弱にして30分焼く。

3 ふたを取って上下を返し、中火弱で30分焼く。トングで挟んでみてプヨンプヨンと柔らかい弾力があったら火を止める。

4 焼き玉ねぎの皮をむく。食べやすく切り、ボウルに入れる。塩、こしょうを振り、ワインビネガー、オリーブ油をかけて混ぜる。器に盛り、あればタイム（生）少々を添える。

※玉ねぎが1個200gを超えるときは、皮付きのまま2つに切って、切り口を下にして焼く。

極意を生み出す道具たち

電子レンジやフードプロセッサーを使うと、圧倒的においしくできる極意があります。調理道具は頼りになるアシスタントと同じです。

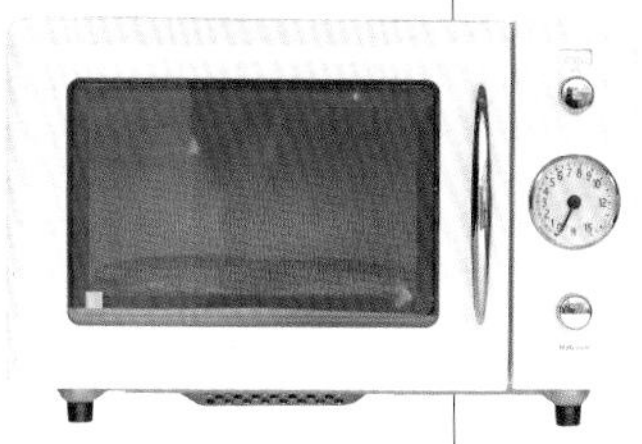

ミキサー

ジュースやピューレ状にする、混ぜる、といったときにはミキサーが活躍します。残った野菜をジューサーでまとめてジュースにすると、だし代わりになりスープやソースに重宝です。

フードプロセッサー

刻む、すりおろすなど、ちょっとおっくうな調理の工程も、フードプロセッサーがあればわずか数秒。それでいておいしくできるのですから不思議です。なくてはならない道具のひとつ。

電子レンジ

温めるだけでなく、今や調理道具として認識されるようになった電子レンジ。「電子レンジなら祥子さん」と言われてきましたが、おいしくするための極意を生み出す大切な道具のひとつです。

電子レンジのワット数別加熱調理時間

500W	**600W**	700W	800W
40秒	**1分**	30秒	20秒
1分10秒	**1分**	50秒	50秒
1分50秒	**1分30秒**	1分20秒	1分10秒
2分20秒	**2分**	1分40秒	1分10秒
3分	**2分30秒**	2分10秒	1分50秒
3分40秒	**3分**	2分30秒	2分20秒
4分50秒	**4分**	3分30秒	3分
6分	**5分**	4分20秒	3分50秒
7分10秒	**6分**	5分10秒	4分30秒

電子レンジの多くは600Wを基準にしています。本書も600Wを基準にレシピを作っていますが、お持ちの電子レンジが600Wでない場合、ワット数に応じて加熱時間を変更してください。

極意 17

何種類かの野菜をジュースにして
極うまのだしを作ります。
カレーやソースに重宝しますよ。

少しずつ残っている野菜やきのこなど、
3cm角くらいに切って
トマトジュースとともにミキサーに入れる。

なめらかなピューレ状になるまで撹拌する。
野菜はどんなものでもよいが、
ゴーヤなどの苦みの強いものは避ける。
いも類が多いととろみが強くなる。

究極の祥子カレー

材料　4人分

- A
  - 玉ねぎ　½個
  - にんにく　1片
  - しょうが　½片
  - じゃがいも　50g
  - にんじん　30g
  - セロリ　20g
  - カレー粉、中濃ソース　各大さじ2
  - しょうゆ　大さじ1
  - 塩　小さじ1
  - 水　1カップ
  - トマトジュース（無塩）　1カップ
- 鶏もも肉　300g
- B
  - 塩　小さじ¼
  - こしょう　少々
  - 強力粉　大さじ1
- オリーブ油　大さじ1
- 温かい発芽玄米ご飯　適量

1 Aの野菜は3㎝角に切り、他の材料とミキサーに入れて攪拌し、ジュースにする。

2 鶏もも肉はひと口大に切り、Bをまぶす。

3 フライパンを熱し、オリーブ油を入れ、2をきつね色になるまで焼いて取り出す。

4 鍋に1を入れ、焦げないようにときどき混ぜながら、弱火で20分煮る。

5 4に3を加え、弱火で10分煮る。皿に発芽玄米ご飯とともに盛る。

ズッキーニのリゾット

材料　2人分

米――――――――――½カップ

A
- 玉ねぎ――――――¼個
- にんにく―――――1片
- しょうが―――――½片
- にんじん―――――30g
- セロリ――――――20g
- ビーフコンソメ（顆粒）―小さじ½
- 水――――――――2½カップ

ズッキーニ（5㎜幅の半月切り）――1本
バター―――――――――大さじ3
ピザ用チーズ――――――25g
粉チーズ――――――――大さじ2

1 米は20分ほど水（分量外）に浸け、ざるに上げる。

2 Aの野菜は3㎝角に切り、他の材料とミキサーに入れて撹拌し、ジュースにする。

3 鍋にバター大さじ1を熱し、ズッキーニを炒めて取り出す。

4 3の鍋に米を入れて炒め、透き通ってきたら2を½カップ加えて弱火で混ぜながら煮込み、水分がなくなったら、また½カップを加える。これをくり返し、全体を混ぜながら煮る。

5 米の芯がやや残る程度に煮えたら、ズッキーニを戻し、ピザ用チーズを加えて煮溶かし、仕上げに粉チーズとバター大さじ2を加える。塩（分量外）で調味し、器に盛り、好みでライムかレモンを添える。

ミートソース

材料　作りやすい分量／できあがり約400g

A
- 玉ねぎ ―― ½個
- にんにく ―― 1片
- しょうが ―― ½片
- じゃがいも ―― 50g
- にんじん ―― 30g
- セロリ ―― 20g
- 水 ―― 1カップ
- トマトジュース（無塩） ―― 1カップ

牛ひき肉 ―― 300g
オリーブ油 ―― 大さじ1

B
- ケチャップ ―― 大さじ2
- しょうゆ ―― 大さじ1
- 塩 ―― 小さじ1

スパゲッティ（乾） ―― 120g
粉チーズ ―― 適量
パセリのみじん切り ―― 少々

1 Aの野菜は3㎝角に切り、他の材料とミキサーに入れて攪拌し、ジュースにする。

2 フライパンにオリーブ油を入れ、牛ひき肉を加えて中火で炒める。火が通って水分が出てきたら、さらに5分ほど炒め、牛肉特有のにおいを飛ばす。

3 1とBを加えて強火にし、煮立ってきたら弱火にして木べらで時々かき混ぜながら、5分煮て火を止める。

4 スパゲッティを表示時間通りにゆで、ミートソースとともに器に盛り、粉チーズとパセリを振る。

■ミートソースは冷蔵で5日間、冷凍で1カ月間保存できる。

フードプロセッサーは
ラクしておいしいの味方です。
野菜のみじん切りも
あっという間の時短で激うま。

2、3cm角に野菜を切ってからフードプロセッサーに入れる。

数秒でみじん切りができる。

餃子

材料　2人分

- 餃子の皮 —— 20枚
- 豚ひき肉、キャベツ —— 各100g
- 玉ねぎ —— 50g
- しょうがの薄切り —— 4枚
- にんにく —— ½片
- A しょうゆ、酒、ごま油、砂糖 —— 各小さじ1
- こしょう、一味唐辛子 —— 各少々
- 粉山椒 —— 小さじ⅕
- 片栗粉、サラダ油 —— 各大さじ2
- 酢、しょうゆ、ラー油 —— 各適量

1 キャベツは4〜5cm角に切る。玉ねぎは4つに切る。

2 フードプロセッサーに2枚刃をセットし、1としょうが、にんにくを入れ、みじん切りにする。厚手のキッチンペーパーに包み、水けをギュッと絞る。

3 ボウルに2を入れ、豚ひき肉、A、片栗粉を加え、なめらかになるまで手で混ぜる。

4 餃子の皮で3を包む。

5 フライパンにサラダ油を入れ、その上をすべらせるように餃子を並べてから強火にかける。2〜3分焼く。一

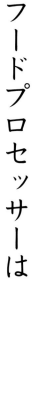

つ持ち上げてみて好みの焼き色がついていたら、水¼カップ（分量外）を注ぎ、ふたをして強火で水分がなくなるまで加熱する。

6 フライパンをゆすり、スルスル動いたら火を止めて、フライパンの中にすっぽり入る皿をかぶせて逆さにして取り出す。酢、しょうゆ、ラー油を添える。

10種野菜のミネストローネ

材料　4人分

A〔長ねぎ――100g
白菜、大根、にんじん、かぶ、じゃがいも、ごぼうなど――合わせて50g
トマト――100g

B〔オリーブ油――大さじ2
にんにく（たたいてつぶす）――1片
ローズマリー（生）――5cm

ベーコンの薄切り（1cm幅の短冊切り）――2枚
大豆水煮（汁をきる）――60g
小松菜（2cm角の色紙切り）――50g
水――650mℓ
塩――小さじ1
こしょう――少々

1 Aの野菜は3～4cm角に切り、2枚刃をセットしたフードプロセッサーに入れて粗みじん切りにする。

2 鍋にBを入れて弱めの中火で炒め、にんにくが薄いきつね色になったら、にんにくとローズマリーを取り出す。

3 ベーコンを加えて中火で炒め、油がチリチリと音を立てるようになったら1の野菜を加え、水を注ぐ。

4 煮立ってきたらアクを引き、大豆を加えて弱火で野菜が煮くずれない程度に軟らかくなるまで20分煮る。最後に小松菜を加えて火を通し、味をみて塩、こしょうで調味する。好みで粉チーズを添える。

山形のだし風

材料　作りやすい分量

A
- なす——小1本
- きゅうり——1本
- みょうが——2個
- オクラ——3本
- 玉ねぎ——1/6個
- 青じそ——2枚

だししょうゆ（市販品）＊——大さじ2

＊だししょうゆがないときは、薄口しょうゆ大さじ1、水大さじ1、うま味調味料少々で代用。

1　Aの野菜は3㎝角に切り、合わせてフードプロセッサーにかけ、みじん切りにする。

2　ボウルに移し、だししょうゆを加えてよく混ぜる。

だしそうめん

材料2人分と作り方

そうめん（乾）150gを表示通りにゆでて冷水ですすぎ、ざるに上げ、器にそれぞれ盛り、山形のだし風をかける。

だし冷奴

材料2人分と作り方

木綿豆腐小1パックを半分に切って、器にそれぞれ盛り、山形のだし風をのせる。

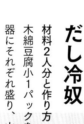

フードプロセッサーがあれば手間のかかる裏ごしは不要です。いも類のデンプン質を高速回転の刃がなめらかにします。

さつまいもはふんわりラップをして
レンジで加熱する。

フードプロセッサーで回すと
繊維が切れて、裏ごししたようになめらかに。

スイートポテト

材料　8個分

さつまいも――中2本（正味400g）

A〔砂糖――60g
塩――ひとつまみ
バター――60g
バニラエッセンス――少々

B〔卵黄――1個分
みりん――大さじ1

1 さつまいもはピーラーで皮を厚めにむき、両端を落とし、2㎝幅の輪切りにして、たっぷりの水に10分浸し、ざるに上げる。

2 耐熱ボウルに**1**を入れ、水1カップ（分量外）を注ぎ、ふんわりとラップをして電子レンジ600Wで12分加熱する。取り出して湯をきる。

3 フードプロセッサーに2枚刃をセットして、**2**を入れて回し、次に**A**を加えて回し、マッシュ状になったらバットに取り出す。粗熱が取れたらフリーザーに30分ほど入れて冷やす。

4 **3**を8等分して舟形に形を整え、アルミケースにのせ、天板に並べる。**B**を薄く塗り、表面が乾くまで15分ほどおき、もう1回**B**を塗る。

5 オーブンを230℃に温め、上段で焼き色がつくまで15分ほど焼く（オーブントースターで焼くときは6〜8分）。

栗きんとん

材料　4人分

さつまいも —— 1本（正味200g）
栗の甘露煮（シロップをきる）— 100g
A［甘露煮のシロップ（なければ水）—— ½カップ
　砂糖 —— 70g
　塩 —— ひとつまみ

1 さつまいもはピーラーで皮を厚めにむき、両端を落とし、2cm幅の輪切りにして、たっぷりの水に10分浸し、ざるに上げる。

2 耐熱ボウルに**1**を入れ、水1カップ（分量外）を注ぎ、ふんわりとラップをして電子レンジ600Wで6分加熱する。

3 竹串を刺してスッと通るようになっていたら、ざるに上げる。

4 フードプロセッサーに2枚刃をセットして**3**を入れて回し、マッシュ状になったら**A**を加え、きんとん状になるまで回す。

5 ボウルに移し、栗の甘露煮を加えて混ぜる。

■冷蔵で1週間保存できる。

マッシュポテト

材料　4〜6人分

じゃがいも ——— 4個（600g）

A［ピザ用チーズ、バター ——— 各40g
　牛乳、生クリーム —— 各¼カップ

粗びき黒こしょう ——— 少々

1　じゃがいもは洗って皮付きで耐熱ボウルに入れ、ふんわりとラップをして電子レンジ600Wで12分加熱する。

2　竹串を刺してスッと通るようになっていたら、水（分量外）を注いで粗熱を冷ましたらすぐにざるに上げる。半分に切って皮をむく。

3　フードプロセッサーに2枚刃をセットして2を入れて回す。Aを2〜3回に分けて加えて回し、クリーム状にする。器に盛り、黒こしょうをひく。

極意 20

飴色玉ねぎはレンチンしてから作ると炒める時間がほぼ半分に短縮できます。

材料　できあがり80g

玉ねぎ――1kg

バター――50g

＊玉ねぎの切り方と炒め方で飴色玉ねぎの全てが決まる。薄く、厚みを均一にするためにスライサーを使って切る。

■冷蔵で1カ月間保存できる。

1 スライサーで薄切りにした玉ねぎを耐熱ボウルに入れ、ふんわりとラップをかけ、電子レンジ６００Wで10分加熱する。

2 取り出してラップをはずし、さらに６００Wで10分加熱する。これで完全に火が通り、玉ねぎから出た水分も蒸発する。

3 鍋にバターを溶かし、玉ねぎを加え、最初は強火で10分炒める。

4 やや色づき始めたら弱火にして20分炒める。

5 手を休めずに炒め続け、焦げ茶色の糸状になったら火を止める。

オニオングラタンスープ

材料　2人分

飴色玉ねぎ——大さじ4
水——3½カップ
ビーフコンソメ（顆粒）——小さじ½
塩——小さじ¼
こしょう——少々
バゲット（3㎝厚さ）——4切れ
A［バター——小さじ2
　おろしにんにく——小さじ¼
グリュイエールチーズ
（2㎜厚さの薄切り）——50g
粉チーズ——小さじ2

1　鍋に飴色玉ねぎを入れ、水を注ぎ、コンソメを加えて火にかける。煮立ってきたら、ふたをしないで中火で15分煮詰めて味をみて、塩、こしょうで調える。

2　バゲットに混ぜ合わせたAを塗ってトーストする。

3　耐熱容器2個にグリュイエールチーズの半量とバゲットを入れ、**1**を注ぎ、残りのグリュイエールチーズをのせ、粉チーズを振る。

4　オーブントースターの強または220～230℃に温めたオーブンで10分、チーズがとろけ、表面に焼き色がつくまで焼く。

飴色玉ねぎのチーズトースト

材料　2人分
バゲット（長さ13㎝のもの）――1個
バター――小さじ2
飴色玉ねぎ、ピザ用チーズ＊
――各大さじ2
＊または溶けるタイプのチーズ（グリュイエール、パルメザン、エダムなど）。

1　バゲットは横に2枚に切る。切り口にバターを塗り、飴色玉ねぎをざく切りにしてのせてナイフで全体に広げ、チーズをのせる。

2　オーブントースターで3〜4分、チーズが溶けてバゲットがきつね色になるまで焼く。

ドライカレー

材料　2人分

A［りんご、にんじん、トマト
　――――――――各100g
　にんにく――――――1片
豚ひき肉――――――100g
オリーブ油――――――大さじ2
飴色玉ねぎ――――――大さじ4
B［ウスターソース――――¼カップ
　カレー粉――――――大さじ1
　赤唐辛子――――――1本
温かいご飯――――――300g
ピクルス――――――適量

1 Aは皮をむき、ひと口大に切って、2枚刃をセットしたフードプロセッサーにかけ、みじん切りにする。

2 鍋にオリーブ油と豚ひき肉を入れて強火で炒め、水分が飛んだら、飴色玉ねぎと**1**、Bを加える。絶えず混ぜながら中火で煮込み、水分があらかたなくなったら火を止める。

3 器にご飯を盛り、**2**をかける。あれば、ピクルスを添える。

極意 21

ホワイトソースは電子レンジで作れば ダマにならずとろ〜りなめらか。 誰でも失敗なしです。

材料　できあがり300g

強力粉＊――大さじ2½
バター――大さじ3
牛乳――250㎖
塩――小さじ¼
＊または薄力粉大さじ3

1 耐熱ボウルに強力粉とバターを入れ、ラップはかけず、電子レンジ600Wで1分加熱する。

2 取り出して泡立て器で混ぜる。

3 牛乳を3回に分けて加え、その都度よく溶きのばす。

4 ふんわりとラップをして電子レンジ600Wで3分加熱する。

5 取り出して泡立て器でよく混ぜる。

6 ラップはかけずに電子レンジで2分加熱する。

7 取り出して塩を加えてよく混ぜる。

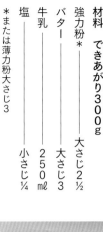

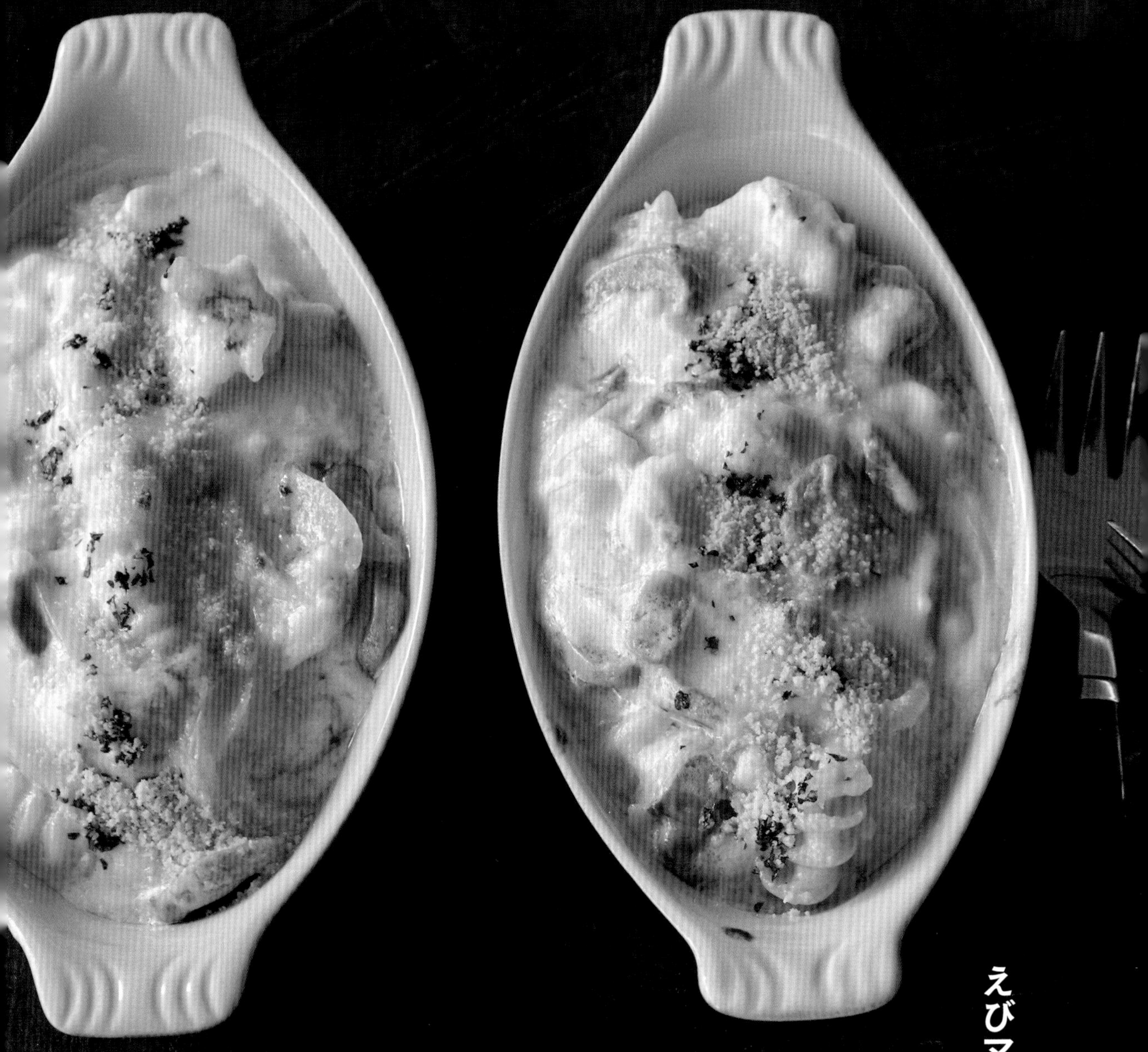

えびマカロニグラタン

材料　2人分
マカロニ（乾）――――20g
むきえび――――100g
マッシュルーム（水煮スライス）――50g
玉ねぎ――――½個
バター――――大さじ2
ホワイトソース――――300g
塩、こしょう――――各少々
粉チーズ――――大さじ2
パセリのみじん切り――――少々

1 マカロニは塩小さじ1（分量外）を加えた熱湯でゆで、ざるに上げる。

2 むきえびは背わたを取り、キッチンペーパーに挟んで水けを拭き、2つにそぎ切りにする。マッシュルームは水けをきる。玉ねぎは繊維に沿って薄切りにする。

3 鍋にバターを溶かして玉ねぎを炒め、マッシュルームとえび、**1**を加えて炒め、塩、こしょうし、火を止めて、ホワイトソースを加えて混ぜる。

4 バター（分量外）を塗ったグラタン皿2つに流し入れ、粉チーズを振り、パセリを散らす。

5 オーブントースターに入れ、強（220〜240℃）で5〜6分、こんがり焼く。

チキンのクリームシチュー

材料　2人分
鶏むね肉（皮なし）――150g
A［水――250mℓ
　 砂糖――大さじ1
　 塩――大さじ½
キャベツ、じゃがいも――各150g
にんじん――75g
さやいんげん――50g
ローリエ――1枚
水――1カップ
ホワイトソース――300g

1　鶏むね肉は**A**を合わせたソミュール液に1時間漬ける。引き上げて水分を拭き取り、4つに切る。

2　キャベツは半分に切る。じゃがいも、にんじんは皮をむき、4つに切る。さやいんげんは両端を落とす。

3　鍋に**1**とローリエを入れて水を注ぎ、火にかける。煮立ってきたら弱火にし、ふたを少しずらしてのせて5分煮る。

4　**2**を加えて強火にし、煮立ったら弱火にしてふたを少しずらしてのせて10分煮る。ホワイトソースを加えて中火で5分煮て火を止める。

シーフードピラフのホワイトソースがけ

材料　2人分

米———1合
水———180ml
塩———小さじ¼
ミックスベジタブル（冷凍）—½カップ
シーフードミックス（冷凍）—150g
バター———大さじ1
A［ホワイトソース———150g
　［生クリーム———¼カップ
パセリのみじん切り———少々

1 米は洗ってざるに上げる。

2 シーフードミックスはサッとゆでて、ざるに上げる。

3 耐熱ボウルに**1**を入れ、水を注ぎ、塩を加えて混ぜる。ミックスベジタブルと**2**を上にのせ、バターをのせ、ふんわりとラップをする。

4 電子レンジ600Wで7〜8分加熱する。沸騰してきたら、タイマーの時間が残っていても弱（150〜200W）または解凍キーに切り替え、12分加熱する。

5 鍋に**A**を入れて火にかけ、混ぜながらフツフツと全体に煮立ってきたら火を止める。

6 器に**4**を盛って**5**をかけ、パセリを振る。

極意 22

レンチン1分30秒で作る
ポーチドエッグ。
食べたいときにすぐにどうぞ。

耐熱カップに水150㎖を入れ、冷蔵庫から出したばかりの卵を割って加え、ふんわりとラップをする。

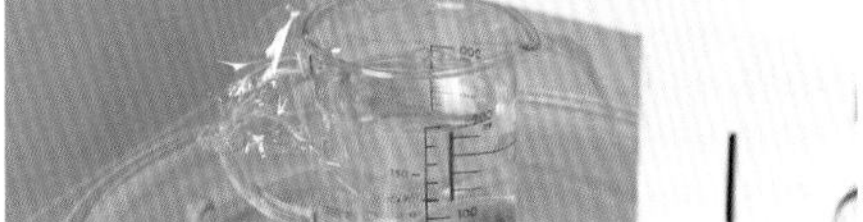

電子レンジの中央におき、600Wで1分30秒加熱する。最後の10秒は白身の固まり具合を見ながら、固まってきたらタイマーを切って取り出す。

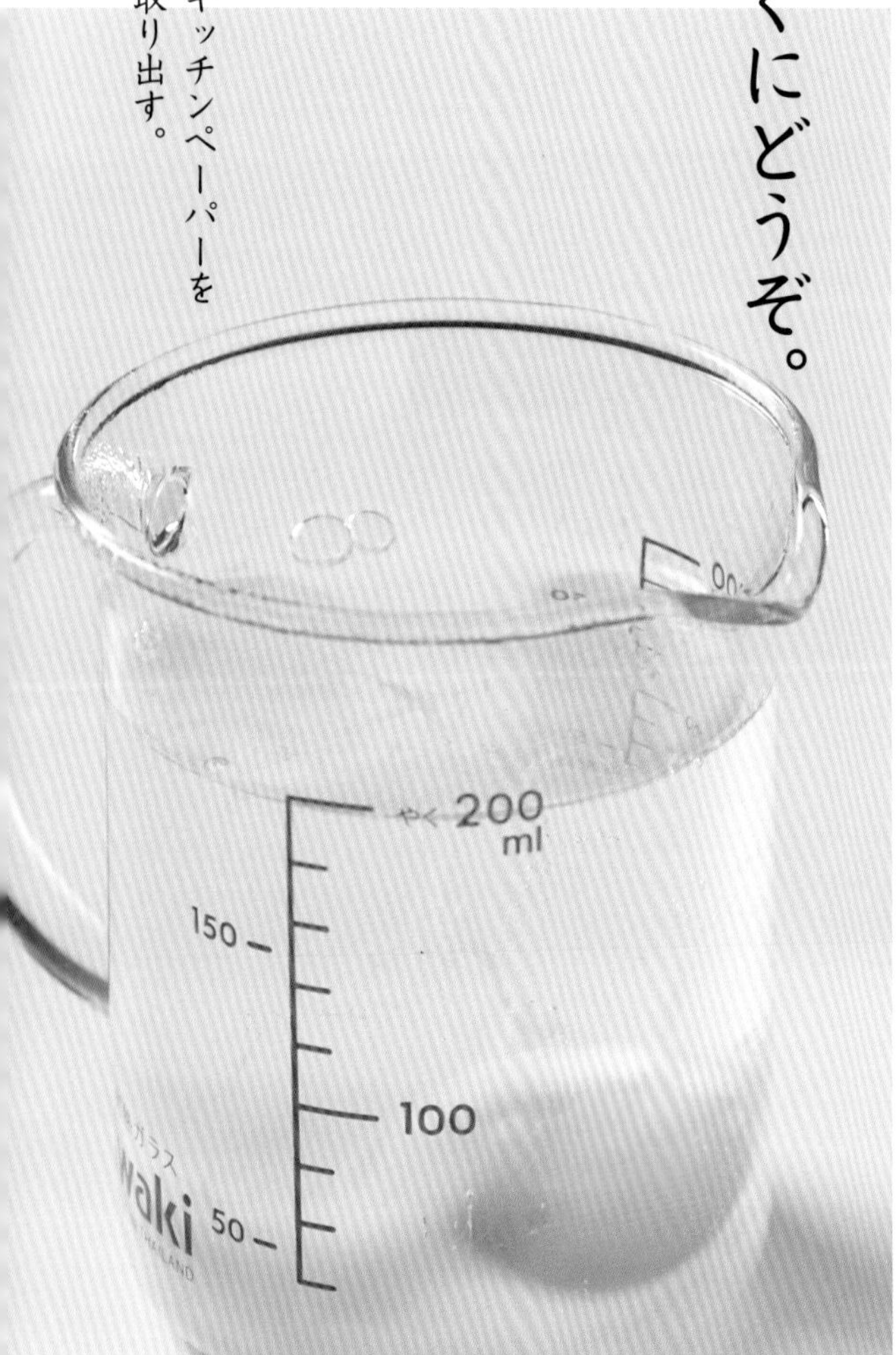

できあがり。湯を捨ててキッチンペーパーを敷いた皿に取り出す。

エッグベネディクト風トースト

材料　1人分
食パン（6枚切り）――1枚
バター――小さじ1
ポーチドエッグ――1個
A［フレンチマスタード、マヨネーズ
　生クリーム――各小さじ1
トマト（湯むきしてくし形切り）――2個
パセリのみじん切り、イタリアンパセリ、
　粗びき黒こしょう――各少々

食パンをトーストしてバターを塗って耳を切り落とす。ポーチドエッグをのせ、Aを合わせてかけ、パセリとこしょうを振る。トマトとイタリアンパセリを添える。

発酵食はレンチンすることで発酵時間が大幅に短縮できます。

甘酒

材料　できあがり370g
ご飯、熱めの湯(60~65℃)――各1カップ
米麹(フードプロセッサーでみじん切り)――50g

■保温モードを継続すると6時間後には飴色の甘酒になり、とても甘くなる。
■清潔な乾いた容器に入れる。冷蔵で2週間保存できる。

1 耐熱容器にご飯を入れ、60~65℃の湯を注いで混ぜる。

2 米麹を加えてよく混ぜる。60℃くらいになっていればよい。

3 容器の大きさに合わせて切ったクッキングシートを表面に貼りつける。

4 電子レンジ弱(150~200W)または解凍キーで30秒加熱する。

5 炊飯器の内釜にキッチンペーパーを四つ折りにして敷き、4をおく。

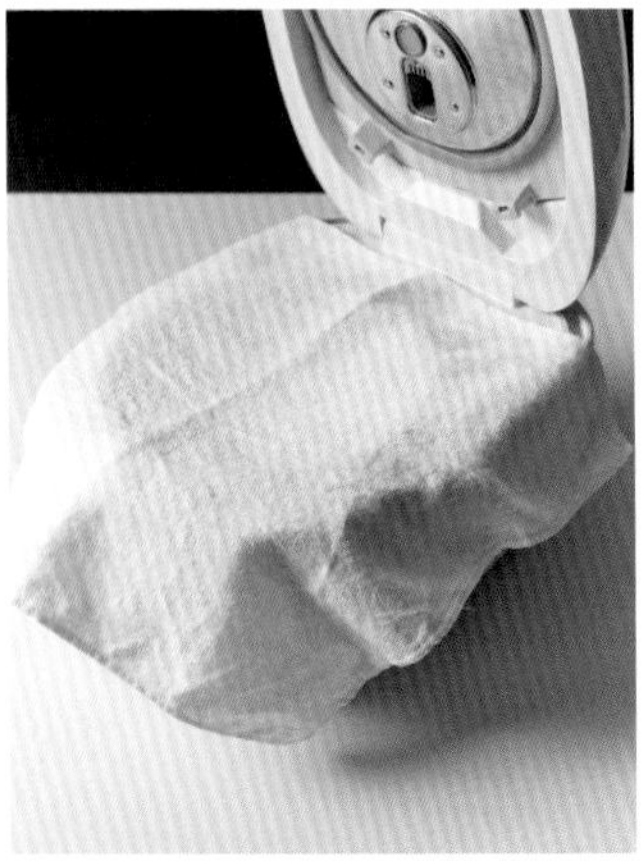

6 保温モードでふたは開けたまま、布巾をかぶせ、30分おく。甘くなっていたらできあがり。

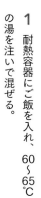

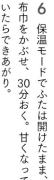

きゅうりの甘酒あえ

材料　2人分

きゅうり――1本
塩――小さじ⅕
A［甘酒――大さじ1
　酢――小さじ1
　ごま油――小さじ½］

1 きゅうりは両端を落とし、3分の2の深さまで2㎜間隔の切り込みを入れる。裏返し、今度は斜めに3分の2の深さまで2㎜間隔の切り込みを入れる。2㎝長さに切る。

2 ポリ袋にAを入れ、1と塩を加え、袋の外からもむ。しんなりしたら取り出して軽く絞る。

甘酒寒天

材料　2人分

甘酒、水――各½カップ
粉寒天――小1パック（2g）
ミントの葉――少々
炭酸水（よく冷えたもの）――100㎖

1 鍋に水を注ぎ、粉寒天を加えて混ぜ、1分ほどおいて吸水させて火にかける。中火で混ぜながら粉寒天を溶かして火を止め、甘酒を加えて混ぜる。

2 水で濡らした容器に流し、粗熱が取れたら冷蔵庫で冷やし、固める。

3 型から取り出し、1.5㎝角に切る。器に盛り、ミントの葉を加え、炭酸水を注ぐ。

発酵酢キャベツ

材料　できあがり680g
キャベツ——500g
A
酢——100㎖
水——50㎖
砂糖——30g
塩——小さじ1
B
赤唐辛子の輪切り——少々
昆布(3×3㎝)——4枚
柚子の皮のせん切り——大さじ1

1 キャベツは5㎝長さのせん切りにし、ボウルに入れる。
2 鍋にAを入れて火にかけ、煮立ったら1に回し入れる。Bも加える。
3 皿を2〜3枚重ねて重石代わりにのせ、しんなりしたら瓶や保存容器に移し、ふたをして冷蔵する。できてすぐから食べられる。
■清潔な乾いた容器を使用する。冷蔵で1年間保存できる。

酢キャベツ添えソーセージ

材料　2人分
酢キャベツ——50g
フランクフルトソーセージ——100g
にんにく——1片
発酵酢キャベツの漬け酢——大さじ2
パセリのみじん切り——少々
フレンチマスタード——適量

1 フランクフルトソーセージは斜めに7㎜間隔の切り目を入れる。
2 耐熱容器に1とサッと焼いたにんにくを入れ、酢キャベツと漬け酢を加える。ふんわりとラップをして、電子レンジ600Wで3分加熱する。
3 取り出して混ぜたら器に盛り、パセリを振り、マスタードを添える。

豆乳ヨーグルト

材料　できあがり560g

豆乳（大豆固形分9％以上）――500mℓ

プレーンヨーグルト（市販品）――60g

1　耐熱容器に豆乳を注ぎ、電子レンジ600Wで3分加熱する。これで60℃前後になり、乳酸菌が繁殖しやすい温度帯になる。

2　1にヨーグルトを加えて混ぜ、ふたをして室温におく。絹ごし豆腐状に固まれば、できあがり。夏は2時間、冬は3時間を目安にできあがる。

■清潔な乾いた容器を使用する。冷蔵で1週間保存できる。

豆乳ヨーグルトきなこジャム

材料　できあがり110g

豆乳ヨーグルト、はちみつ――各大さじ2

きなこ――大さじ8

ボウルに材料を入れ、なめらかになるまで混ぜる。パンやクラッカーにつけていただく。

■清潔な乾いた容器を使用する。冷蔵で1週間保存できる。

フルーツ酢やベジタブル酢は完成までに通常は2週間。でも電子レンジで30秒加熱すれば、12時間後にはできあがります。

フルーツ酢

材料　450㎖のガラス瓶1本分

好みの果物————正味100g
氷砂糖————100g
りんご酢————200㎖

※好みの果物を選び、下ごしらえする。かんきつ類は皮をむき1㎝幅の輪切り、キウイやバナナは皮をむき1㎝幅の輪切り、ブルーベリーやいちご、さくらんぼ、ぶどうは洗って軸や葉を取る。

■清潔な乾いた容器を使用する。常温で1年間保存できる。

1　ガラス瓶に果物と氷砂糖を入れ、りんご酢を注ぐ。加熱は30秒なので瓶は耐熱でなくても大丈夫。

2　ふたはしないで電子レンジ600Wで30秒加熱する。翌日から飲める。

炭酸割り

フルーツ酢50㎖＋炭酸水100㎖

スムージー

フルーツ酢大さじ2＋ブルーベリー50ｇ＋豆乳100㎖＋フルーツ酢の果物ミキサーで撹拌する。

青汁割り

フルーツ酢50㎖＋青汁（ドライパック）1袋と水100㎖

牛乳割り

フルーツ酢50㎖＋牛乳100㎖

極意 25

コンポートもジャムもコトコト煮込まずにできます。レンチンなら、しっかり中まで味も入ります。

桃をラップで包み、小さめの耐熱ボウルに入れる。さらにふんわりラップをかける。

1度目は加熱するだけ。2度目はシロップを加えて同様に加熱する。

桃のコンポート

材料　1個分

桃(皮をむく)――1個(約250g)

A［はちみつ――大さじ2
　レモンの搾り汁――大さじ1

マスカルポーネチーズ――40g

ミントの葉――少々

1 30㎝四方のラップに桃をのせ、小さめの耐熱ボウルに入れる。ラップの縁を中央に寄せてねじって閉じ、さらにふんわりと上からラップをかける。

2 電子レンジ600Wで2分加熱する。

3 取り出してラップを広げ、混ぜたAを注ぎ、ラップをねじって閉じる。ふんわりと上からもラップをかける。

4 電子レンジ600Wで1分加熱する。ラップをかけたまま冷やす。

5 器に盛り、マスカルポーネチーズとミントの葉を添える。

スライス紅玉のコンポート

材料　1個分

りんご(紅玉)――1個(約240g)

はちみつ――大さじ3

シナモンスティック――1本

1 りんごの芯を取り除いたら、3㎜幅の輪切りにする。

2 30㎝四方のラップにりんごを元の形に重ね、小さめの耐熱ボウルに入れる。ラップの縁を中央に寄せてねじって閉じ、さらにふんわりとラップをかける。

3 電子レンジ600Wで2分加熱する。

4 取り出してラップを開き、シナモンを中央に立ててはちみつをかける。ラップをねじって閉じ、ふんわりと上からもラップをかける。

5 電子レンジ600Wで2分加熱する。ラップをかけたまま冷やす。

いちじくのコンポート

材料　2個分

いちじく――2個(皮付きで180g)

A［白ワイン(または水)――¼カップ
　はちみつ――大さじ3
　レモンの搾り汁――大さじ1

クローブ――3本

1 いちじくは皮をむく。30㎝四方のラップにのせ、小さめの耐熱ボウルに入れる。ラップの縁を中央に寄せてねじって閉じ、さらにふんわりとラップをかける。

2 電子レンジ600Wで1分30秒〜2分加熱する。いちじくから出た水分が煮立ってきたら、設定時間内でも取り出す。

3 ラップを開いて混ぜたAを注ぎ、クローブも加え、ラップをねじって閉じ、ふんわりと上からもラップをかける。

4 電子レンジ600Wで1分加熱する。ラップをかけたまま冷やす。器に盛り、あればチャービルを添える。

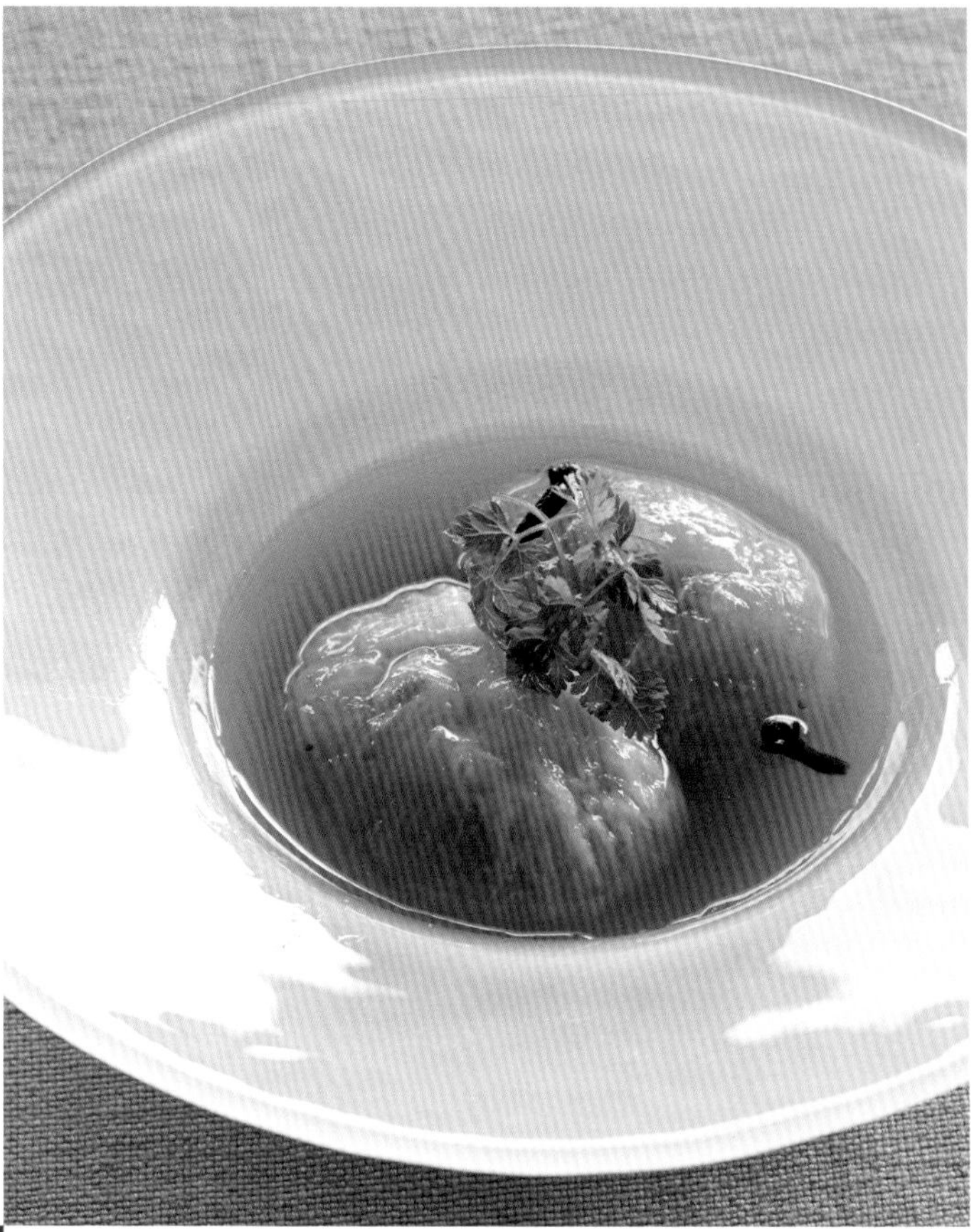

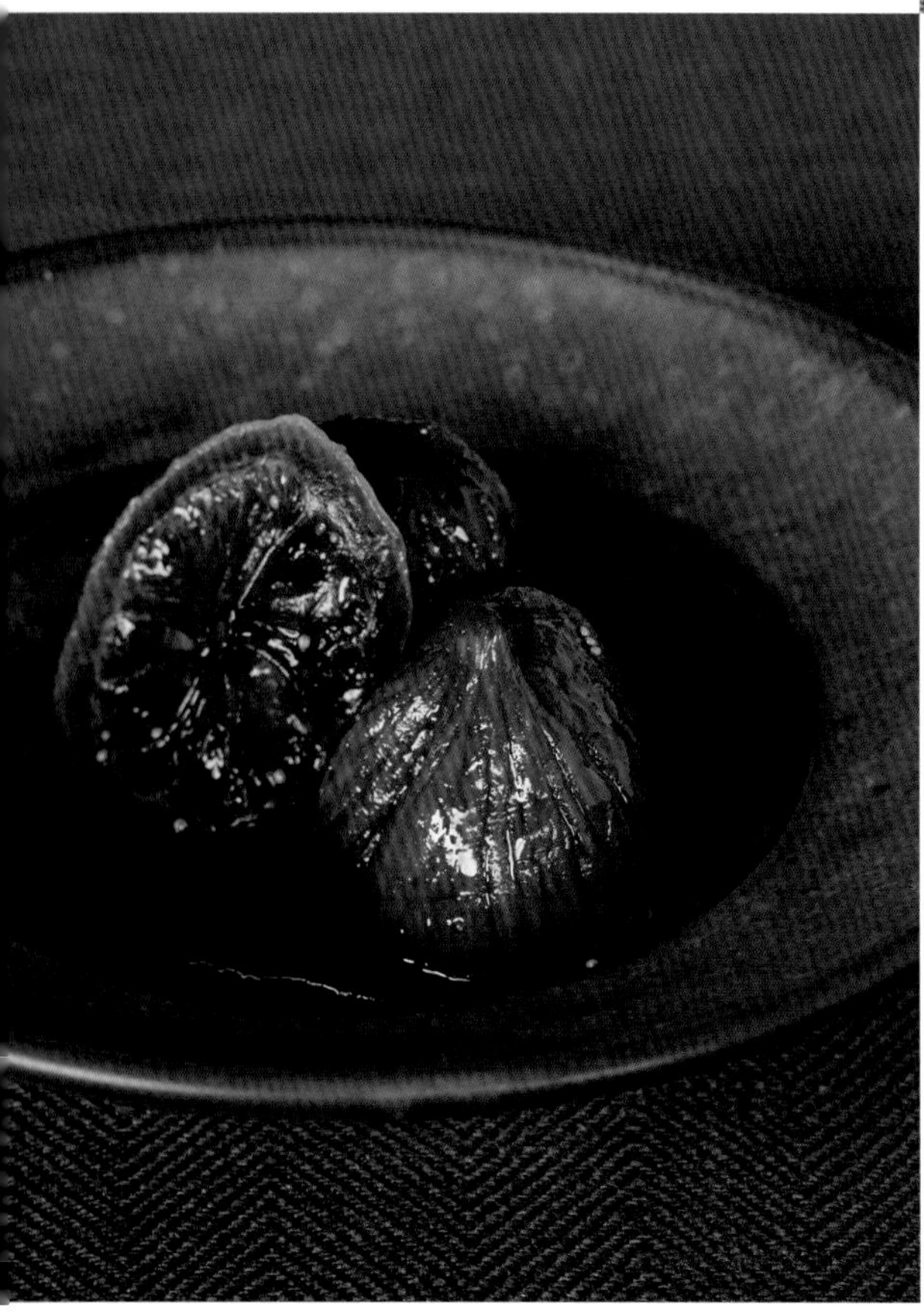

ドライいちじくのコンポート

材料　3個分

いちじく(セミドライ)――3個(100g)

水――1カップ

レモンの輪切り――2枚

［カラメルシロップ］

A［砂糖――大さじ2
　水――小さじ1

いちじくの戻し汁――½カップ

はちみつ――大さじ3

1 耐熱ボウルにドライいちじくを入れ、水を注ぎ、レモンを加える。ふんわりとラップをかけ、電子レンジ600Wで4分加熱する。

2 別の耐熱ボウルにAを入れ、ラップをせずに電子レンジ600Wで2分加熱する。焦げ色になったら取り出し、1の汁½カップを加えて溶かす。

3 2にはちみつを加え、よく混ぜて溶かす。なめらかになったら1のいちじくを加え、ふんわりとラップをかけ、電子レンジ600Wで1分加熱する。ラップをかけたまま冷やす。

いちごジャム

材料　できあがり120g
いちご*――――――100g
砂糖――――――50g
レモンの搾り汁――――小さじ2
*ラズベリー、ブルーベリー、ブラックベリー、カシス、パイナップル等も同様に作れる。

1 耐熱ボウルにいちごを入れ、砂糖を加え、レモン汁を回しかける。ラップはかけずに電子レンジ600Wで2分加熱する。

2 取り出してゴムべらで混ぜて底にたまった砂糖を溶かし、ラップはせずに電子レンジに戻し、600Wで1分加熱して煮詰める。熱いうちに瓶に詰める。

■清潔な乾いた容器を使用する。冷蔵で1カ月間保存できる。

レモンマーマレード

材料　できあがり350g
レモン(国産)――1個(正味200g)
砂糖――――――200g
レモンの搾り汁――――50㎖

1 レモンは洗って水けを拭き取る。半分に切り、汁を搾る。皮はへたを除き、十字に4等分して薄切りにする。

2 耐熱ボウルにレモンの皮を入れ、水200㎖(分量外)を注ぎ、ふんわりとラップをかけ、電子レンジ600Wで8分加熱する。

3 取り出してざるに上げ、水をきる。こうして苦みを除く。

4 耐熱ボウルに3を戻し、砂糖とレモン汁を加え、ゴムべらで混ぜる。ふんわりとラップをかけて電子レンジ600Wで2分加熱する。

5 ラップをはずし、電子レンジ600Wで2分加熱する。熱いうちに瓶に詰める。

■清潔な乾いた容器を使用する。冷蔵で1カ月間保存できる。

極意26

みんなが大好きなカスタードクリーム。鍋で作ると焦げつきやすいところが少々難点です。レンチンなら、ダマにもならずなめらかで失敗しません。

カスタードクリーム

材料　できあがり300g

強力粉、バター ―――― 各大さじ2
砂糖 ―――― ½カップ
卵黄 ―――― 2個分
牛乳 ―――― 1カップ
バニラエッセンス ―――― 5滴

1 耐熱ボウルに柄付きのざるをのせ、強力粉と砂糖を泡立て器で混ぜながらふるい落とす。

2 卵黄を加え、牛乳を大さじ1〜2加え、クリーム状になるまで泡立て器で混ぜる。

3 残りの牛乳とバニラエッセンスを加えてさらに混ぜる。

4 ふんわりとラップをかけ、電子レンジ600Wで2分加熱する。

5 取り出して底に固まっているクリームをほぐしながら、なめらかになるまで混ぜる。

6 ラップをかけずに電子レンジに戻し、600Wで3分加熱する。

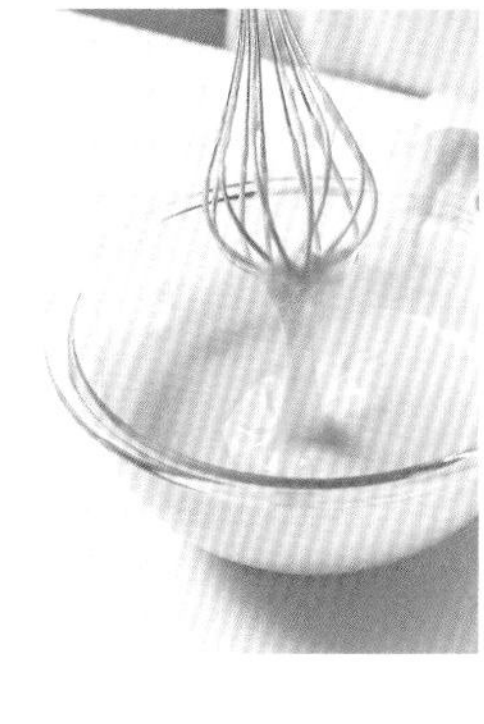

7 バターを加え、よく混ぜて冷やす。

カスタードクリームパン

材料　2個分

カスタードクリーム————150g
ドッグパン————2個

1 星型の口金をつけた絞り袋にカスタードクリームを詰める。

2 パンの中央に⅔の深さまで切り込みを入れ、**1**を絞り込む。

カスタードクリームパフェ

材料　150㎖容量のカップ2個分

- カスタードクリーム――150g
- オレンジ――½個
- バナナ――1本
- グレープフルーツ――¼個
- キウイ――1個
- ミントの葉――少々

1 果物は全て皮をむき、オレンジとグレープフルーツは薄皮もむく。それぞれ、ひと口大に切る。

2 カップ2個にカスタードクリームを1㎝深さに流し入れ、1を半量ずつ入れ、残りのカスタードクリームを絞り袋で等分に絞る。フルーツをのせ、ミントの葉を飾る。

りんごパイ

材料　直径14㎝×高さ2.5㎝のパイ皿1個分
パイシート（冷凍）――1枚（150g）
カスタードクリーム――100g
りんご――½個
打ち粉用強力粉――適量
レモンの搾り汁――大さじ1〜2
グラニュー糖――大さじ1

1 パイシートを解凍する。りんごは皮付きで7㎜幅の半月切りにする。

2 パイ皿に薄く溶かしバター（分量外）を塗る。

3 打ち粉をしたまな板にパイシートをのせ、フォークで全体に穴を開ける。麺棒で伸ばしてパイ皿に少しゆとりをもって敷き込む。型よりはみ出た生地は、麺棒を転がして切り落とす。

4 サイズに合わせて切ったクッキングシートを生地に密着させ、その上にふくれ防止の小皿を1枚のせる。

5 200℃のオーブンで10分焼き、一度取り出してクッキングシートと小皿をはずし、さらに10分焼く。

6 型の底にカスタードクリームを入れ、上にりんごを並べる。

7 レモン汁をハケでりんごの表面に塗り、グラニュー糖を振りかける。

8 200℃のオーブン中段に入れ、180℃で10分焼く。パイ生地の縁にきれいな焼き色がつくまで焼く。

黒豆蜜煮

材料　できあがり100g
黒豆甘納豆（市販品）――100g
水――100㎖
A［砂糖――大さじ2
しょうゆ――小さじ1

1　耐熱ボウルに甘納豆を入れ、水を注ぎ、Aを加えて混ぜる。ラップをじかに貼りつけるようにする。余った分はボウルの縁に沿わせるようにする。

2　電子レンジ600Wで2分加熱し、取り出して冷めるまでおいてできあがり。

絶対に失敗しない黒豆蜜煮。
市販の黒豆甘納豆をレンチン2分。
これで蜜煮ができあがりです。

黒豆の二層ゼリー

材料　150㎖のカップ2個分
黒豆蜜煮―――大さじ4
粉ゼラチン―――1袋（5g）
水―――大さじ2
A
　水―――1カップ
　砂糖―――大さじ2
　バニラエッセンス―――5滴
スキムミルク―――大さじ1

1 耐熱ボウルに水大さじ2を入れ、粉ゼラチンを加えてすぐ泡立て器で混ぜる。2分おき、ラップなしで電子レンジ600Wで20秒加熱する。
2 別のボウルにAを入れ、1を加えて混ぜる。半量ずつに分けておく。
3 2の片方にスキムミルクを加えて溶き、容器のカップ2個に分けて入れ、冷蔵庫で冷やす。
4 3が固まったら、黒豆を等分にのせる。
5 残りの2のゼラチン液が固まっているときは、電子レンジ600Wで10秒加熱して溶かしてから等分に4に流し入れる。固まるまで冷蔵庫で冷やす。

黒豆フルーツヨーグルト

材料　1人分
黒豆蜜煮―――大さじ1
プレーンヨーグルト―――½カップ
キウイ（皮をむき、ひと口大に切る）⅙個

器にヨーグルトを入れ、黒豆をのせ、キウイを添える。

村上祥子

Sachiko Murakami

料理研究家。管理栄養士。公立大学法人福岡女子大学客員教授。１９８５年より福岡女子大学で栄養指導講座を担当。治療食の開発をきっかけに電子レンジに着目。以後、電子レンジ調理の第一人者として注目される。糖尿病や生活習慣病予防のための食事をはじめ、電子レンジ調理のみならず、電子レンジ発酵パン、バナナ黒酢なども開発。近年は80代、現役で活躍する料理研究家として、ライフスタイルにも注目が集まっている。公立大学法人福岡女子大学内には「村上祥子料理研究資料文庫」が設置され、50万点の資料が公開されている。『村上祥子80歳 私がいつも食べている季節の保存食』（ＫＡＤＯＫＡＷＡ）、『祥子さん この知恵、いただきます』（東京書籍）ほか、著書の累計発行部数は９８７万部。

http://www.murakami-s.jp

アートディレクション：昭原修三／デザイン：植田光子／撮影：中野博安／撮影アシスタント：石田寛／スタイリング：久保原恵理
編集：石井美佐／DTP：明昌堂／プリンティングディレクター：栗原哲朗（図書印刷）

村《む》上《らかみ》祥《さち》子《こ》
おいしさの極《ごく》意《い》
２０２３年 ２月 ３日 第１刷発行

著　者　村上祥子《むらかみさちこ》
発行者　渡辺能理夫
発行所　東京書籍株式会社
〒１１４－８５２４ 東京都北区堀船２－17－１
電話 ０３－５３９０－７５３１（営業）
０３－５３９０－７５０８（編集）
印刷・製本　図書印刷株式会社

ISBN978-4-487-81642-2 C2077 NDC596